AF468207

FORTIFICATION
DE PARIS.

On trouve chez le même Libraire les Ouvrages suivans du même Auteur.

NOUVELLE FORCE MARITIME et application de cette force à quelques parties du service de l'armée de terre, ou Essai sur l'état actuel des moyens de la force maritime; sur une espèce nouvelle d'artillerie de mer qui détruirait promptement les vaisseaux de haut bord; sur la construction de navires à voiles et à vapeur, de grandeur modérée, qui, armés de cette artillerie, donneraient une marine moins coûteuse et plus puissante que celle existante, et sur la force que le système des bouches à feu proposé offrirait, à terre, pour les batteries de siége, de place, de côtes et de campagne; in-4° avec 7 planches, 1822. 18 fr.

EXPÉRIENCES FAITES PAR LA MARINE FRANÇAISE, sur une arme nouvelle, changemens qui paraissent devoir en résulter dans le système naval, et examen de quelques questions relatives à la Marine, à l'Artillerie, à l'attaque et à la défense des côtes et des places; in-8°, 1825, 3 fr.

FORCE ET FAIBLESSE MILITAIRES DE LA FRANCE. Essai sur la question générale de la défense des États et sur la guerre défensive, en prenant pour exemples les frontières actuelles et l'armée de France; in-8°, grand papier, 1830, 7 fr. 50 c.

IMPRIMERIE DE BACHELIER,
rue du Jardinet, n° 12

FORTIFICATION

DE PARIS,

ou examen de ces questions :

PARIS DOIT-IL ÊTRE FORTIFIÉ? LES SYSTÈMES PRÉSENTÉS PEUVENT-ILS ÊTRE ADMIS? QUELLE FORTIFICATION POURRA CONCILIER LES INTÉRÊTS CIVILS ET MILITAIRES? QUELLE SERA LA PUISSANCE DÉFENSIVE DE LA FRANCE QUAND PARIS SERA FORTIFIÉ?

ET PROPOSITIONS

Relatives à la Fortification et à l'Artillerie : dans la vue de pouvoir employer la Garde Nationale à la défense des places, des camps et des positions fortifiées.

PAR H.-J. PAIXHANS,

COLONEL D'ARTILLERIE, MEMBRE DE LA CHAMBRE DES DÉPUTÉS.

PARIS,

BACHELIER, IMPRIMEUR-LIBRAIRE

DU BUREAU DES LONGITUDES, DE L'ÉCOLE POLYTECHNIQUE, etc.

QUAI DES AUGUSTINS, N° 55.

1834

Préface.

Quand on vient annoncer à une ville comme Paris qu'on va l'entourer de remparts ; quand on vient dire à la France qu'il ne lui suffit plus de son armée, de sa population belliqueuse, de ses places frontières, et qu'il faut encore que sa capitale soit fortifiée : on doit peu s'étonner qu'une telle proposition agite les esprits, et qu'il faille s'y prendre à plus d'une fois pour les persuader.

Et combien la difficulté n'est-elle pas plus grande encore lorsque, les périls du dehors paraissant s'éloigner, les rivalités parlementaires; et les préjugés contre une innovation mal connue; et la sagesse elle-même qui commande aujourd'hui l'économie la plus sévère; forment alliance pour s'y opposer.

Si donc, dans un tel état de la question, j'étais obligé de parler au nom du gouvernement, je dirais : « La chose est » nécessaire, l'indépendance nationale » en dépend; c'était notre devoir de la » proposer, et nous persistons. Mais puis- » qu'il y a doute, et puisque (à tort ou » à raison) le système proposé inspire » des inquiétudes : ne faisons d'abord que

» *terminer les travaux défensifs com-*
» *mencés loin de la ville, entre Saint-*
» *Denis et la Marne; travaux qui, dans*
» *tous les cas, seront utiles. Puis quand,*
» *en présence de ces fortifications, les*
» *regards se seront habitués à l'aspect*
» *d'une muraille armée; quand une dis-*
» *cussion franche aura fait à chaque*
» *opinion sa juste part; et qu'un système*
» *bien élaboré pourra ne plus être in-*
» *quiétant que pour nos ennemis : nous*
» *reprendrons alors cette grande entre-*
» *prise, en traitant les intérêts mili-*
» *taires et les intérêts civils, de telle*
» *sorte que, ni les uns ni les autres*
» *n'aient rien d'important à sacrifier.* »

C'est en considérant la question de

cette manière, que je viens soumettre à la critique un travail que j'ai fait sérieusement et laborieusement, ne méconnaissant pas la grandeur d'une mesure qui décidera de la puissance militaire de la France, puissance dont peut dépendre l'avenir des nations civilisées (1).

Je n'ai point borné à Paris seulement le travail que j'ai fait, et comme la dé-

---

(1) *Ce n'est pas sans mission que j'ai étudié la défense de Paris : on m'avait chargé de m'en occuper sous le rapport de l'armement, ce qui naturellement me conduisait à en examiner l'ensemble. Ayant eu à l'affaire de* 1814 *le commandement des batteries de Belleville et Saint-Chaumont ; ayant fait, depuis cette époque jusqu'en* 1830, *partie de divers Comités qui ont travaillé à ces objets ; et me trouvant sans emploi, parce que le* 24 *juillet* 1830 *j'avais été expulsé de l'artillerie, on me chargea, en* 1831, *d'étudier l'armement des ouvrages qu'on commençait alors. Les expériences que j'ai faites à Vincennes de mes canons à mitraille ; ce qu'on va lire dans cet Ouvrage ; et quelques propositions que je vais faire sur l'artillerie défensive ; sont le compte que je rends de l'emploi qui m'a été confié.*

fense de notre territoire exigera désormais que la garde nationale puisse y être employée, j'ai recherché comment la fortification, et comment surtout l'artillerie (celle-ci étant l'objet plus spécial de mes études), pourraient être disposées pour que dans les places, dans les camps, dans les positions fortifiées, on puisse faire bon emploi du zèle peu expérimenté de la garde nationale.

On trouvera dans le texte ce que chacun peut lire sans avoir étudié les questions militaires; et dans des notes étendues, les détails de fortification, ceux d'artillerie, et autres spécialités.

J'ai cherché dans cet Ouvrage à faire

voir combien, Paris étant fortifié, la défense de notre territoire sera facile, et combien alors deviendront grandes la sécurité de la France, la chance d'une longue paix, et l'économie résultant de l'entretien d'une moins nombreuse armée.

Je crois, et j'essaie de prouver, que Paris doit avoir des fortifications; donc, je n'aurai pas pour moi ceux qui ne veulent aucune fortification autour de Paris. Je crois que le système d'enceinte sans forts est inadmissible; donc, je n'aurai pas pour moi ceux qui veulent une enceinte sans forts. Je crois que le système connu des forts détachés a besoin de très graves modifications; donc, je n'aurai pas pour moi ceux qui veulent purement et simplement les forts détachés. Mais du moins, parmi les personnes qui ne me jugeront qu'après m'avoir lu, j'espère n'avoir pas contre moi celles qui savent reconnaître qu'un travail est fait avec sincérité : sans autre but que la défense et la puissance du pays ; sans autre ambition que cet honneur, auquel on a droit quand on a loyalement combattu pour le triomphe de la vérité.

DÉFENSE DE PARIS.

CHAPITRE PREMIER.

FAUT-IL QUE PARIS SOIT FORTIFIÉ ?

La paix est à espérer : les nations éclairées savent toutes que sans elle rien ne s'établit; plusieurs des princes régnans ont senti les maux de la guerre; et à défaut de sagesse, les difficultés financières et la grandeur du péril seraient encore des gages de stabilité.

Mais, d'un autre côté, les princes, les peuples, seront-ils toujours pacifiques? La révolution de 1830 n'a-t-elle pas relevé les deux bannières qui depuis 1815 avaient fait trève? Les opinions (ou plutôt les ambitions), qui se provoquent sans relâche, s'en tiendront-elles toujours à la provocation? La Russie est-elle, à son gré, assez agrandie en Orient pour ne pas susciter des diversions en Occident? Et enfin, le sort de la Belgique, de l'Espagne, de l'Italie, de l'Allemagne elle-même, est-il définitivement fixé ?

Dans un tel doute chacun se tient sous les armes, et l'Europe est partagée en deux camps. Ces deux camps, sans doute, ne se heurteront pas tant que la France et l'Angleterre seront unies; mais un changement de ministère, une discussion diplomatique, un intérêt commercial, peuvent altérer cette union; et d'ailleurs, ce n'est pas sur une alliance étrangère que la sécurité de la France doit porter.

Il est donc nécessaire à notre pays d'être fort; et comme cette nécessité a des causes qui ne sont pas de nature à cesser prochainement, il nous faut non-seulement une grande force, mais encore une force permanente et durable. Or, on sait que l'entretien perpétuel d'une armée nombreuse ruinerait l'État; il faut donc, après avoir établi un système de réserve, élever des obstacles défensifs qui, en retardant l'ennemi, donnent à nos réserves le temps de se préparer.

Quels sont donc aujourd'hui les obstacles défensifs capables de résistance? Nos places frontières, alors même que nous les aurions encore toutes, arrêteraient-elles une puissante invasion? Celles que nous bâtirions à grands frais empêcheraient-elles ce que Strasbourg, Lille, Metz, n'ont pu empêcher?... Non, sans doute, et à cet égard l'expérience n'a que trop prononcé. Il faut donc autre chose : or, la première chose qu'il faut, c'est de donner à la capitale des moyens *convenables* de se défendre. Essayons de le prouver.

D'abord cette question a été résolue affirmativement par la presque totalité des militaires, c'est-à-dire de ceux dont le devoir est de s'y entendre; et ils ont reconnu que, sans cette mesure, ils ne pouvaient pas, quel que soit leur entier dévouement, répondre de la défense du territoire. Vauban, qui cependant n'avait pas vu ce qui est arrivé de nos jours, l'avait positivement demandée. Napoléon, qui n'était point un homme craintif, la voulait même avant ses malheurs. Les écrivains militaires, avant et après Napoléon, ont presque tous pensé de même. Chaque fois que la France a été en péril, 1792, 1814, 1815, on a regretté amèrement de n'avoir pas suivi ce conseil. Et depuis vingt ans tous les comités, toutes les commissions, qui généralement étaient composés des hommes les plus habiles, tous, après de longues délibérations, ont été du même avis.

Ceux qui sont d'opinion contraire ont-ils fait voir comment, sans fortifier Paris, la France pourra se bien défendre ? Nullement : ils se sont bornés à la critique négative; ou s'ils proposent des moyens, ce sont de ces projets qui jamais ne peuvent s'exécuter.

A la Chambre des Pairs, où il y a tant d'hommes d'expérience, à la Chambre élective, où deux législatures se sont succédé, on a prononcé cinq fois dans le même sens : on a fait en 1831 une loi d'expropriation militaire ayant pour objet spécial de fortifier Paris et Lyon; on a voté aux crédits supplémentaires de 1830, et aux budgets de 1831, 1832, 1833, des fonds spécialement affectés à cet usage. Et si au budget de 1834 le vote fut ajourné, ce n'est point qu'aucune délibération ait fait changer d'avis : c'est parce qu'on a jugé (un peu tard, mais avec raison) que pour une si grande entreprise, il fallait une loi; et parce que la seconde partie de la question, *la manière de fortifier Paris*, a fait naître des doutes sur lesquels on voulait d'abord s'éclairer.

Il faudrait donc aujourd'hui une bien extraordinaire confiance en soi-même, pour nier ce qui, depuis un siècle, et sous tous les régimes, est affirmé par Vauban et par Napoléon, par les ingénieurs les plus habiles, par les généraux les plus expérimentés, par la Chambre des Pairs, par la Chambre des Députés, et par les hommes les plus éclairés de nos divers gouvernemens.

Cependant n'en tenons nul compte ; que chacun, dans une question qui intéresse tout le monde, ne s'en rapporte qu'à son propre jugement : et voyons la chose en elle-même.

D'abord, c'est sur les capitales que marche maintenant la guerre. Les exemples de Napoléon ont conduit la coalition sur Paris en 1814 et en 1815, l'armée autrichienne sur Naples en 1821, l'armée du dauphin sur Madrid en 1823, les armées russes sur Constantinople en 1829, et sur Varsovie en 1831. C'est ce qui s'enseigne aujourd'hui dans les moindres écoles militaires de l'Europe. C'est ce qu'on a préparé contre nous quand, en 1815, les étrangers ont tracé nos frontières. La raison de finances, d'ailleurs, conduirait à ces rapides expéditions, alors même que la science militaire ne les indiquerait pas. Et enfin, la guerre méthodique aujourd'hui n'est plus celle qui s'arrête après une victoire, c'est celle qui court au but pour en profiter.

Si donc, au commencement d'une guerre où l'ennemi aura la capitale pour but, cette capitale est en état de se défendre, notre armée alors n'est plus obligée d'accepter une bataille inopportune ; elle n'est plus enchaînée sur le chemin de Paris ; plus libre, et par cela même plus puissante, elle s'établit sous nos places, qui en l'absence de l'armée sont nulles, mais qui en sa présence deviennent les appuis de camps formidables; de sorte que la fortification de Paris remet d'abord en valeur toutes nos forteresses. Et dans cette situation, que fera l'ennemi? S'arrêtera-t-il à la frontière pour en finir d'abord de nos troupes retranchées? ou marchera-t-il à l'attaque des fortifications de Paris, en laissant derrière lui notre armée entière? ou bien partagera-t-il ses forces? Dans tous les cas il est en péril; dans tous les cas il perd l'initiative; dans tous les cas les immenses ressources de la France ont le temps de l'envelopper. Qu'il essaie alors de mettre le siége devant Paris! la tranchée qu'il creusera sera le tombeau de son armée.

Si au contraire la capitale est sans défense, et que par conséquent il soit nécessaire de la couvrir : il faut alors que notre armée manœuvre d'après les marches de l'ennemi; il faut qu'elle accepte toutes les batailles et les gagne toutes; il faut qu'elle abandonne à elles-mêmes nos frontières; il faut, si elle éprouve une seule défaite, qu'elle se retire sous Paris. Et là, que fera-t-on quand l'art n'aura rien préparé? Quelle sera l'énergie d'une population qui, sans remparts, verra paraître un ennemi plus fort que nos troupes de ligne? Aura-t-on le temps d'élever des ouvrages défensifs? Si on les achève, seront-ils assez forts pour que l'armée puisse en laisser la défense aux habitans? Et si, à cause de la faiblesse de ces ouvrages improvisés, l'armée ne peut s'éloigner qu'en partie, demeurant en partie blottie et enveloppée, ne sera-t-on pas à la veille d'une capitulation?

Telles seront les deux situations de notre pays, selon que Paris sera ou ne sera pas en état de se défendre; et, pour en juger, il suffit d'avoir vu ce qui, de nos jours, est arrivé à toutes les capitales du continent: toutes succombèrent; une seule, Lisbonne, avait reçu des fortifications, et notre invasion de Masséna y fut repoussée.

Or, quel serait maintenant le résultat d'une capitulation de Paris? Et la France, après avoir effacé 1815 par 1830, ne voit-elle pas en Pologne quelles seraient les conditions du traité!

On veut, aujourd'hui, que notre diplomatie parle haut, et l'on a raison de le vouloir; mais pour parler haut, il ne faut pas avoir à dix marches de la frontière une capitale qui, à la seule vue de l'ennemi, n'a d'autre parti à prendre que de capituler.

Faisons donc ce que disait le grand Condé : « Ayons peur pendant que les ennemis n'y sont pas. » Acceptons, sur une question militaire, les conseils de Napoléon et de Vauban; et croyons ce qu'indiquent l'évidence, l'étude, l'histoire; sans nier la puissance du temps, qu'on met de son côté au moyen de travaux préparés à l'avance; ni la puissance de l'art, qui doit agrandir la force des nations civilisées.

Que risque la France en fortifiant Paris? Elle risque cinquante millions. Que risque-t-elle en ne le fortifiant pas? Elle risque son honneur, sa fortune, sa liberté.

Et ce n'est pas même risquer cinquante millions : car Paris étant fortifié, l'armée permanente n'a plus besoin d'être aussi nombreuse; or, une grande armée coûte en France, non pas cinquante millions à payer en dix ans, mais trois cents millions chaque année.

Sans doute Paris ne doit pas être défendu comme une forteresse ordinaire; la capitale de la France ne doit voir ni sa grandeur, ni sa richesse, ni même ses habitudes entravées; et il faut que les habitans puissent voir sans peine des remparts dont ils doivent, au besoin, devenir les défenseurs. Mais ces conditions, auxquelles nous allons voir qu'on peut satisfaire, ne sont relatives qu'à la manière dont le dispositif sera fait; et quant à la question principale, concluons ici :

Que si Paris n'est pas fortifié, la perte d'une

seule bataille peut entraîner celle de la France.

Que si Paris est fortifié, l'ennemi, après plusieurs batailles gagnées sur nous, ne sera encore arrivé qu'au début d'une immense entreprise.

Que la fortification de Paris est nécessaire pour qu'on puisse admettre une organisation économique de l'armée.

Que refuser la fortification de Paris, c'est faire ce qui convient le mieux aux étrangers, et que, l'effectuer, c'est leur ôter l'envie d'entrer en France.

Enfin, que si l'on a la guerre, la fortification de Paris met en état de la soutenir, et qu'ayant la paix, elle est un puissant moyen de la conserver.

CHAPITRE II.

COMMENT PARIS DOIT-IL ÊTRE FORTIFIÉ ?

Beaucoup de systèmes ont été présentés : disons un mot des principaux.

On a proposé les barricades : ce moyen est puissant quand quelques troupes sont entourées dans les rues par une population entière ; mais quand, au contraire, c'est la population qui est entourée par une grande force extérieure, l'ennemi nous chasserait, de rue en rue, par l'incendie ; et si les barricades sont bonnes pour défendre quelques faubourgs dont on peut payer la destruction, ce n'est pas pour défendre une ville telle que Paris, qu'elles peuvent être sérieusement adoptées.

On a proposé la fortification passagère ; mais au moment d'une invasion le temps manque ; le travail reste inachevé, comme en 1792 et 1815 ; et d'ailleurs, fût-il terminé, ce n'est pas avec de faibles ouvrages de campagne, qu'on arrêtera deux cent mille ennemis victorieux, précédés de 500 pièces d'artillerie.

Ce sont donc des fortifications permanentes qui ont été demandées par les commissions et les comités militaires ; ce sont des fortifications permanentes qui ont été proposées par le gouvernement; et les deux Chambres ont voté pour des fortifications permanentes, puisqu'au premier projet, celui du 30 novembre 1830, il entrait 20,000 mètres courans de murailles, et qu'on a donné des fonds non pas pour l'occupation temporaire, mais pour l'achat définitif des terrains à fortifier.

Vauban et Napoléon voulaient aussi une fortification permanente. Le projet de Vauban ne saurait convenir, puisque Paris est tout autre qu'alors. Et quant aux idées de Napoléon, il voulait que la capitale fût mise en état de se défendre; mais il n'avait donné, sur l'exécution, que de rapides aperçus, qui, suffisans à chaque opinion pour se donner l'apparence d'avoir Napoléon avec elle, sont loin de l'être pour établir un système de défense.

Trois principaux systèmes ont donc été débattus officiellement. L'un était d'avoir, à une distance de Paris plus ou moins grande, un cercle de petites places fortes; mais ce serait disséminer nos forces sur une petite frontière intérieure, qui résisterait encore moins que la grande frontière. On ne doit pas mettre l'armure loin du combattant. Les partisans des forts rapprochés ne voulaient pas ces défenses lointaines; les partisans de l'enceinte sans forts les voulaient encore moins; et cette proposition, qui serait aussi dispendieuse qu'impuissante, fut abandonnée.

Ainsi, en réalité, il n'y a maintenant que deux systèmes en discussion : le système d'une enceinte continue, qui a échoué à tous les examens officiels; et celui des forts détachés, dont le gouvernement a présenté une solution que ni l'opinion publique ni les Chambres n'ont encore adoptée. Voyons d'abord la valeur de ces deux systèmes.

CHAPITRE III.

LE SYSTÈME D'ENCEINTE CONTINUE PEUT-IL ÊTRE ADOPTÉ?

L'enceinte proposée environnerait Paris et les faubourgs, de quatre-vingts fronts bastionnés, ayant 370 mètres de côté, avec une muraille de 10 mètres de hauteur.

Ce projet a pour lui d'être simple, de bien fermer l'étendue à défendre, et de permettre à la ville un certain agrandissement ultérieur; il a pour lui l'opinion de plusieurs personnes dont les talens sont incontestables; et il a surtout pour lui les argumens opposés à l'autre système. Pourquoi donc a-t-il été rejeté par la commission du maréchal Saint-Cyr, et par le comité du génie, et par le gouvernement, et par la Commission de la Chambre des Députés, et par un très grand nombre de militaires instruits? C'est qu'en effet il était impossible de l'admettre; et voici pourquoi :

Arrivant devant ce rempart dépourvu d'ouvrages avancés, l'ennemi s'établirait près de nous, il éleverait ses batteries, et nous serions hermétiquement bloqués. On dit que nous pourrions entrer et sortir par le fossé. Oui, pour quelques chicanes; mais comment faire mouvoir sur des gradins ou des rampes étroites, la cavalerie, l'artillerie, les convois? Et comment l'infanterie elle-même rentrera-t-elle sur les trois huitièmes de l'enceinte, qui auront des fossés pleins d'eau? Étant si faiblement protégés pour la retraite, nous le serions encore moins pour le combat, puisqu'en sortant nous masquerions les feux du rempart, et qu'au dehors nous ne trouverions d'autres batteries, d'autres retranchemens, que ceux de l'ennemi. On aurait donc une défense passive, des combattans blottis, une population et un gouvernement enfermés.

Dans cette enceinte la ville serait-elle en sûreté contre les bombes de l'ennemi? Point du tout: les grosses bouches à feu étendent leur action à 3500 mètres; ainsi en les plaçant à 500 mètres, elles atteindront à 3000 mètres dans l'intérieur; or, peu de quartiers de la ville sont à plus de 3000 mètres de l'enceinte proposée. Et l'ennemi n'eût-il que de l'artillerie de campagne: les obusiers vont à 2500 mètres; ainsi, placés à 500 mètres, ils couvriraient de leur feu une zone de 2000 mètres dans l'intérieur de l'enceinte. On dit que, « *un grand nombre de places ont été bombardées sans résultat*, » et l'on cite Bruxelles, qui, bombardé du 13 au 15 août 1684, ne demanda pas à capituler; mais on ne dit pas que 3800 maisons furent incendiées par ce bombardement, qu'il fallut quarante millions pour payer le dégât, et que l'incendie ferait plus de ravages dans Paris que dans Bruxelles (1).

Mais laissons de côté la question du bombardement, et supposons qu'il faille nous attaquer de force : l'enceinte n'ayant pas d'ouvrages extérieurs, l'ennemi sera bientôt près du fossé; il y sera avec sa nombreuse artillerie, et surtout

---

(1) Les partisans de l'enceinte continue assurent que, « *les préparatifs et l'exécution d'un bombardement du-* « *reront presque aussi long-temps qu'une attaque en* « *règle.* » Cependant il n'y a pas douze marches de Luxembourg à Paris, et avec des relais, les munitions font trois marches par jour.

D'ailleurs, l'ennemi a ses obusiers de campagne. « *Mais,* dit-on, *il ne trouvera dans son équipage de* « *campagne qu'environ* 3000 *obus pour brûler Paris.* » Cependant deux cent mille hommes ont au moins 400 pièces d'artillerie; sur 400 pièces il y a au moins 130 obusiers; un obusier est muni en campagne de 396 obus; et alors même que l'ennemi en aurait consommé ou réservé les trois quarts, comme on le dit, il lui resterait encore plus de 12060 obus, que d'ailleurs ses convois et ses relais remplaceront à mesure qu'ils seront employés.

(même sans équipage de siége) avec plus de cent obusiers, qui projetteront sur un rempart *à ciel ouvert* plusieurs milliers d'obus par heure; alors le feu de nos flancs étant éteint, et le mineur assiégeant se jetant dans notre fossé sans contrescarpe, voilà la muraille aussitôt entamée; et, cette muraille est tout ici, sans aucun refuge en arrière. Or, ceci n'est point une attaque d'invention nouvelle, c'est une chose qui s'est déjà vue; et en effet, en 1812, devant Smolensk, nous poussons l'armée russe dans la ville, qui avait une muraille haute de 30 pieds sur 11 d'épaisseur; nos gens s'avancent jusque dans le fossé; l'empereur fait de suite ouvrir la mine; et, l'ennemi n'en ayant pas attendu l'effet, le lendemain nous entrons.

Autre objection : on dit que l'enceinte proposée suffira aux accroissemens de la population jusqu'à 2,500,000 habitans; mais il y a erreur de chiffres, et un calcul très simple montre qu'elle n'en contiendrait que environ 1,300,000 (1), ce qui n'est pas suffisant.

---

(1) Le mur actuel d'octroi qui enferme 800,000 habitans a 23,000 mètres de tour; l'enceinte proposée en aurait 29,600 : or, les surfaces étant entre elles comme les carrés des périmètres, on aurait ici le rapport de 529,000,000 à 876,160,000, c'est-à-dire de 800,000

Et ces quatorze magasins, contenant chacun cent cinquante mille livres de poudre, qui seraient placés dans l'intérieur de l'enceinte ! et qu'il faudrait bien y admettre, puisqu'il n'y aurait pas de fortifications extérieures : ne serait-ce pas établir en permanence, dans la ville elle-même, un danger plus grand que ce qu'il y aurait à craindre des forts détachés?

On demande pour cette enceinte 45,913,000 fr.; mais il faut y ajouter six à huit millions, parce que le mètre cube de maçonnerie n'a été compté qu'à 12 fr., et qu'il en coûte 15 à 18. Il faut ajouter aussi ce qui sera indispensablement demandé pour abriter les défenseurs et le matériel. Et quand l'enceinte sera faite, on ne manquera pas de demander alors des ouvrages détachés; car on ne voudra ni laisser à l'ennemi, ni occuper faiblement, tant de points extérieurs

---

à 1,326,896; on aurait donc seulement la surface nécessaire à 1,326,896 habitans, à moins de resserrer davantage une population qui l'est déjà trop. En jetant les yeux sur le plan où sont marquées les deux enceintes, et où la grande enceinte est même plus étendue qu'au projet que je combats, on verra que la surface est loin d'être triplée. Il y a, il est vrai, des vides dans l'intérieur du mur actuel; mais il s'y trouve aussi bien des quartiers où la population est trop serrée.

dont la possession est décisive pour la défense. Combien donc ne faudra-t-il pas ajouter aux 46 millions ?

Les partisans de l'enceinte sans forts s'appuient du projet de Vauban ; mais Vauban ne voulait pas séparer la population de l'ennemi seulement par un simple rempart ; il voulait deux enceintes, l'une autour de la ville alors habitée, et l'autre détachée, à 1000 ou 1200 toises en avant, pour éloigner tout danger de la ville.

On s'appuie également des paroles de Napoléon ; mais Napoléon voulait si peu d'une défense enfermée, qu'à Dresde, en 1813, il faisait raser les parapets pour mouvoir ses colonnes librement ; que toutes ses grandes places, Anvers, Alexandrie, etc., avaient des forts extérieurs ; et que sur la question de Paris il écrivait, le 1er mai 1815, au ministre de la guerre, d'élever à Montmartre « quatre redoutes de 60 » à 80 toises de côté extérieur, et battant les » différens débouchés de la montagne, etc. » Or, des *redoutes* séparées les unes des autres, qui ont 60 à 80 toises sur *chaque face*, sontelles une enceinte continue ou des ouvrages détachés ?

Concluons de ces observations diverses que ce n'est pas sans de très justes motifs que le projet d'enceinte continue sans forts, a été rejeté toutes les fois qu'il a été soumis à de sérieuses délibérations.

Examinons maintenant le système des forts détachés.

CHAPITRE IV.

QUEL EST LE SYSTÈME PROJETÉ PAR LE GOUVERNEMENT?

La commission, composée de généraux de toutes armes, qui de 1818 à 1821 rechercha les moyens de défendre notre territoire, reconnut « la nécessité de mettre Paris en état de défense, » sans admettre cependant que cette ville doive » être défendue comme une place ordinaire, par » une garnison renfermée dans une enceinte » continue; » elle fut d'avis : « Que Paris doit » être couvert par des ouvrages détachés, éta- » blis sur quelques-uns des points dominans qui » l'environnent, lesquels combinés avec l'en- » ceinte continue déjà existante, et que l'on » pourrait renforcer au moment de la guerre » par des constructions passagères, puissent suf- » fire à mettre cette capitale en sûreté, et à l'a- » bri d'un bombardement, avec le plus petit » nombre possible de troupes, et servir au be- » soin de points d'appui à l'armée qui se serait » réfugiée sous ses murs. »

La restauration laissa dormir ce travail; mais,

après la révolution de 1830, le gouvernement voulant prendre des mesures, le comité du génie, consulté sur les moyens d'exécution, proposa de faire sur le mur d'octroi soixante-cinq petits bastions pour flanquer les approches de ce mur, et d'élever en avant onze forts détachés. Ces forts auraient eu trois fronts avec parapet du côté de la campagne, et du côté de la ville un mur crénelé. Ils auraient eu dans le fossé, au lieu de palissades, un mur isolé de 12 pieds de haut sur 2 pieds d'épaisseur. La dépense de ce premier projet eût été (non compris les indemnités aux propriétaires) de trois millions.

Pendant qu'on étudiait les détails, le gouvernement, pour mettre immédiatement Paris en sûreté, et en même temps pour occuper les ouvriers, fit exécuter les ouvrages défensifs d'une forte position qui, appuyée à la Seine et à la Marne, couvre maintenant la capitale, et peut servir de camp à une armée.

Puis les études faites ayant conduit à prendre une résolution sur le système à établir définitivement, celui de l'enceinte sans forts fut rejeté, et celui des forts fut adopté par le comité du génie (25 octobre 1832) en ces termes : « Le comité, après avoir entendu les » deux mémoires, discuté les argumens res- » pectifs, et mis en comparaison les deux projets

» exposés et dessinés, s'en référant à ses anciens » avis, et réservant pour un autre avis toute » discussion de détail, ou propositions de mo- » difications, afin de se borner à la question » de préférence qui lui est déférée, déclare que » la préférence le porte sur le dispositif des forts » détachés, avec le mur d'octroi actuel conso- » lidé, rectifié et pourvu de moyens de défense, » afin de former une enceinte de sûreté. »

D'après ce projet admis par le comité des fortifications, et ensuite proposé aux Chambres par le gouvernement, la distance des forts au mur d'octroi serait, moyennement, de 1730 mètres; leur distance entre eux, moyennement, de 1960 mètres; il y aurait quinze de ces forts; et Vincennes ferait partie de cette ceinture fortifiée.

Chaque fort aurait cinq fronts bastionnés, semblables sur toutes les faces, ayant un côté extérieur de 140 mètres, une muraille de 10 mètres, avec contrescarpe, et deux étages de feux, l'étage supérieur à ciel ouvert, l'étage inférieur casematé; les casemates serviraient de logemens, de magasins, et seraient percées d'embrasures pour l'artillerie. Autour du fort il y aurait une enveloppe en terre, de forme semblable, qui en augmenterait la force et l'étendue.

Pour les quinze forts ensemble, avec leurs enveloppes, il y aurait (non compris Vincennes) de l'emplacement pour près de 1800 bouches à feu à ciel ouvert, pour un nombre à peu près égal de bouches à feu casematées; et l'étendue voûtée, pour abriter le personnel et le matériel de la défense, serait de 145,000 mètres carrés : 300 hommes suffiraient dans chaque fort pour le garder, et 1000 pour le défendre.

On a publié qu'il y aurait, en outre, dans l'intervalle entre les forts et le mur d'octroi, treize redoutes ou batteries, fermées et revêtues de murs, qui complèteraient l'échiquier.

L'intention dans ce grand dispositif est d'avoir des fortifications qui, par leur distance de la ville, en éloignent le bombardement; qui, par leurs murailles et leurs casemates, offrent à la garde nationale une défense forte et bien abritée; qui, par l'étendue de leurs parapets, donnent à l'artillerie les moyens d'agir en nombre; et qui, sans exiger habituellement une garnison trop considérable, offrent dans leur ensemble, soit à l'armée elle-même, soit à une grande réunion de gardes nationales mobiles et de bataillons de réserve, un vaste camp, où elles puissent à leur choix, ou agir au dehors, ou attendre avec sécurité.

Tel est le projet qui, d'une part, a obtenu, sauf les modifications à apporter aux détails, les suffrages du comité des fortifications, et l'adhésion du gouvernement; mais qui, d'autre part, a soulevé, dans la discussion publique, une si vive opposition.

Je vais examiner ce projet sans entrer dans la polémique relative aux intentions qu'on a supposées au gouvernement, une telle supposition ne pouvant être admise. Mais, en même temps, en rendant pleine justice à la droiture et aux talens des personnes qui ont travaillé à ce système, je vais (mettant l'intérêt public au-dessus de tout autre et au-dessus du mien) montrer, avec une sincérité entière, en quoi ce projet me paraît ne pouvoir pas être adopté sans d'importantes modifications.

Commençons cet examen par les deux questions dont l'opinion publique s'est le plus vivement occupée.

CHAPITRE V.

LES FORTS DÉTACHÉS POURRAIENT-ILS OPPRIMER LA VILLE?

Ces forts, avant d'exister, ont servi de champ de bataille parlementaire : de là tant d'accusations et tant de tableaux animés d'un gouvernement qui serait assez Vandale pour incendier Paris, assez stupide pour braver, dans quelques petits forts, les volontés de la France entière.

Luttant contre une si vive attaque, la défense a dévié ; et, préoccupés de l'utilité d'une grande entreprise, le ministère, la commission de la Chambre, et des écrivains respectables ont dit : « *Que les forts sont hors de la portée du canon,* » *et qu'aucun ne peut jeter de projectiles sur la* » *ville de Paris...... Que leurs batteries n'au-* » *ront aucune action contre elle...... Qu'ils sont* » *placés hors de la portée des projectiles incen-* » *diaires...... etc.* » (1).

---

(1) *Voyez* le Discours de M. le ministre des travaux publics, à la Chambre des Députés, le 14 juin 1833 ; le

Dans cette question sur la portée des bouches à feu : artilleur, je dois connaître la vérité; député, je dois la dire.

Un canon de très gros calibre peut, comme on l'a publié, envoyer son boulet à 5000 mètres; mais il ne porte aussi loin qu'en tirant sous un angle élevé, et alors le projectile parcourant une immense trajectoire, si c'est un boulet rouge, il est refroidi; si c'est un boulet à explosion, il éclate avant sa chute; et la preuve que, de loin, les canons ont peu d'effet sur une ville, c'est que toutes les artilleries de l'Europe ont recours, contre les villes, aux obusiers et aux mortiers. Voyons donc la portée de ces bouches à feu.

Il y a des obusiers qui portent de 2000 à 2500 mètres, et même à 3000, en les tirant comme des mortiers. Les mortiers ordinaires portent à plus de 2000 mètres; et certains mortiers à grande portée, ainsi que les canons à bombes, à environ 4000. Quant au mortier à la Villantrois, qu'on a beaucoup cité, il est vrai qu'avec d'énormes charges de poudre il fait arriver quelques bombes à 6000 mètres; mais

---

Rapport de la commission de la Chambre, page 31; et la première publication, page 27, de M. le président de la section de la guerre au Conseil d'État.

pour y atteindre il faut des projectiles presque massifs, qui ne contiennent plus assez de poudre; il faut des espèces de fusées, qui manquent presque toujours; et au siége de Cadix (où pourtant on était à bien moins de 6000 mètres, et où rien ne fut épargné), ces mortiers n'ont eu que peu d'effet.

En résumé, je regarde la puissance de l'artillerie comme n'étant réellement pas à craindre au-delà de 3500 à 4000 mètres (1).

Cette limite étant posée, il en résulte que les forts, à la distance où quelques-uns sont placés au projet, et avec des fronts complets du côté de la ville, auraient la faculté d'opérer des destructions sur toute l'étendue de Paris.

Doivent-ils avoir cette faculté? Je n'hésite pas à répondre : non.

Et, en effet, ce serait élever contre tout gouvernement un prétexte perpétuel; ce serait troubler la confiance d'hommes sincères, et préparer la discorde entre les habitans et l'armée; et ce serait diviser les opinions sur la défense commune, qui au contraire doit les réunir. Qui sait

(1) Je ne dis rien des fusées incendiaires, parce qu'elles ont moins de puissance et moins de portée que la grosse artillerie.

d'ailleurs ce qui peut survenir? Est-il impossible que les forts tombent en de mauvaises mains? Et enfin, quand une ville est la capitale de France, convient-il à la France, convient-il aux grands pouvoirs de l'État, et aux citoyens de la ville, que nos ennemis puissent jamais nous dire : Il y a là, planant sur vos têtes, quelque chose qui est plus puissant que vous?

Si un tel dispositif était indispensable à la défense du territoire, on aurait alors à voir si l'indépendance nationale n'est pas la première de toutes les nécessités; mais il n'en est pas ainsi : on peut (et c'est le principal objet de mon travail), sans altérer la valeur militaire des fortifications, les disposer de telle sorte que rien au dehors ne domine jamais Paris, et que toujours Paris domine le dehors.

Je conclus que, relativement à l'action possible de l'artillerie des forts contre la ville, il est nécessaire que le projet soit modifié.

Une autre question, celle de savoir si, au moyen des forts, on ne pourrait pas bloquer et affamer Paris : cette question mérite peu d'être examinée. On pourrait bloquer, sans doute; mais on le pourrait tout aussi bien avec le simple mur d'octroi; on le pourrait même alors qu'il n'y aurait pas le moindre mur; et quand une force militaire extérieure veut bloquer une ville, quelques routes coupées, quelques canons en batterie, et surtout quelques escadrons dans la plaine, feront toujours plus d'effet que des forts immobiles très éloignés.

CHAPITRE VI.

LE SYSTÈME PROJETÉ NUIRAIT-IL AU COMMERCE, AUX PROGRÈS, AUX PROPRIÉTÉS DE LA VILLE ?

Pour voir ce que deviendra Paris sous un bon gouvernement, il faut regarder Londres, qui aujourd'hui a presque deux millions d'habitans, et qui chaque jour s'agrandit encore. La destinée de Paris n'est pas moindre; car si Londres est la capitale du commerce universel, Paris est la capitale de la civilisation, dont le commerce n'est qu'une partie; et la grandeur de Paris, sa population, sa richesse, recevront des accroissemens successifs, auxquels rien ne doit faire obstacle. Voyons donc, à cet égard, quelle influence aurait la fortification.

D'abord, en ce qui concerne le commerce, les sciences, les arts, et toutes espèces de progrès, c'est une erreur que d'incriminer la fortification : Strasbourg, Lille, Metz, et à l'étranger Dantzick, Magdebourg, Anvers, Cadix, ne sont pas des villes moins en progrès que les autres villes des mêmes contrées. Athènes et Rome avaient des fortifications. Et un rempart n'est qu'une masse inerte, comme serait un rocher. On dit que les fortifications attirent la guerre; mais c'est l'importance d'une ville qui attire la guerre, et elle l'attire bien plus certainement quand elle est sans défense, que quand il est difficile d'y entrer. En 1814 et 1815, Paris a été pris deux fois: Strasbourg, Lille et Metz n'ont pas même été attaqués. Quant à la liberté habituelle de circulation, les entrées militaires peuvent être toujours ouvertes et beaucoup plus larges que celles de l'octroi. Cette question, débarrassée de toutes allégations vagues, se réduit donc en réalité à deux points: La fortification empêchera-t-elle Paris de s'agrandir? Quelles servitudes imposera-t-elle à la propriété?

La nécessité de pouvoir s'agrandir est évidente; le nombre moyen des habitans pour une maison, qui était de 22 en 1804, était de 27 en 1817, de 31 en 1827, et les accroissemens à venir seront probablement plus considérables encore. Le projet du gouvernement permet, à cet égard, beaucoup plus que le système d'enceinte continue, car celui-ci limite l'accroissement à 1,300,000 (1), tandis qu'en bâtissant entre

(1) Nous avons fait voir au chap. III, sur l'enceinte

les forts détachés et le mur d'octroi, la population pourrait s'élever à près de 2 millions. Mais il est à observer que cette situation de faubourgs extérieurs entre l'enceinte de sûreté et les forts, laisserait de tous côtés (à cause des ouvertures d'une demi-lieue d'un fort à l'autre) la plus grande partie des habitations exposées, en cas d'attaque, à devenir le champ de bataille; ce qui, dans mon opinion, est un inconvénient auquel il convient de remédier.

Pour les servitudes militaires, la législation existante ne permet, en avant de la fortification des grandes places, aucunes constructions ni clôtures jusqu'à la distance de 250 mètres; elle ne permet, jusqu'à 487 mètres, que des constructions en bois ou en terre, et à charge de les démolir sans indemnité; enfin, jusqu'à 974 mètres, elle ne permet aucuns fossés ni chemins creux sans l'autorisation militaire. De telles servitudes sont évidemment inadmissibles autour de Paris, et il n'a jamais été dans l'intention du gouvernement de les imposer; mais le projet de loi qui fut présenté ne fait pas mention des servitudes, et la commission de la Chambre qui a

---

continue, que c'est par erreur que les partisans de ce système portent à 2 millions et demi le nombre d'habitans que cette enceinte pourrait contenir.

fait un rapport sur ce projet de loi, n'a proposé aucunes modifications aux prescriptions légales en vigueur. Cependant la chose est grave à un tel point, qu'il me paraît indispensable, quand une loi sur la fortification de Paris sera faite, qu'elle renferme à cet égard des dispositions exceptionnelles, sans lesquelles Paris aurait une juste répugnance à se voir fortifier. Nous verrons plus loin quelles pourraient être ces dispositions.

CHAPITRE VII.

QUELLE RÉSISTANCE LES FORTS DÉTACHÉS OPPOSERAIENT-ILS AUX MOYENS ORDINAIRES DE L'ATTAQUE ?

Il me serait facile de louer les savantes études qui ont déterminé l'emplacement de ces forts, leur tracé, les abris et les appuis qu'ils offriraient à la défense, et tout ce qui met ce travail au-dessus des anciennes routines du métier; mais ce n'est pas un éloge que j'ai entrepris, c'est une critique; ainsi examinons.

D'abord, il ne faut pas espérer que l'ennemi sera impuissant ou mal-habile : il aura au moins 400 pièces d'artillerie de campagne (il en avait davantage en 1814 et 1815), et comme il saura qu'il y a des fortifications, il aura en outre une centaine de grosses pièces d'artillerie. Avec ce matériel, et à la distance de 400 à 800 mètres de l'un des forts, il élevera contre ce fort une longue batterie enveloppante, à demi enterrée, à rangs redoublés sur quelques points; il y mettra 300 bouches à feu, et il en aura encore 200 pour appuyer sa droite et sa gauche. De notre côté nous aurons élevé dans le fort les traverses nécessaires, nous aurons placé environ 120 bouches à feu sur les parties qui voient l'attaque, et comme l'ennemi en a bien plus, nous aurons mis en batterie, hors du fort et derrière des épaulemens, notre artillerie de réserve, mais sans pouvoir atteindre au-delà de l'égalité numérique, puisque la position de l'ennemi est enveloppante, et la nôtre enveloppée. Le feu commence; mais nous tirons sur un but qui a plus de 1600 mètres de largeur, tandis que l'ennemi n'a pour but que le fort, c'est-à-dire une largeur de moins de 400 mètres : son feu est donc beaucoup plus concentré que le nôtre; à quoi il faut ajouter que plusieurs parties du fort sont inévitablement enfilées par les feux courbes de l'attaque. Et quand les 300 bouches à feu de l'ennemi, tirant à peu près dix coups par heure, auront tiré vingt-quatre heures, voilà 60,000 à 70,000 projectiles qui auront été adressés à nos 120 bouches à feu du fort, et qui probablement auront réduit les défenseurs d'un espace aussi restreint à se réfugier sous leurs casemates.

On dira que la citadelle d'Anvers, après avoir reçu 64,000 projectiles, se défendait encore; mais la citadelle d'Anvers a deux ou trois fois plus de surface que n'en auraient les forts projetés, et le feu ayant duré dix-neuf jours, c'était seulement

3000 coups par jour ; or, autre chose est de recevoir 3000 coups, ou d'en recevoir 60,000 sur une surface deux fois moins étendue.

Pendant que l'un des forts sera si vivement battu, quels services lui rendront les deux forts voisins ? Très peu : car, étant à 1200 mètres et plus des extrémités de l'attaque, leurs feux seront de peu d'effet (1) ; et leurs sorties seront contenues par une armée en bataille, ayant devant elle deux cents pièces de canon.

Les feux du fort étant désemparés, l'ennemi laissera là cinquante obusiers pour les empêcher de se rétablir, et il s'avancera vers la ville avec ses masses d'artillerie. Alors, sous l'action de 300 bouches à feu, dont 100 de gros calibre, nos redoutes, nos ouvrages en terre, nos maisons crénelées, ne seront bientôt qu'une plaine de décombres, et l'assaillant n'aura plus devant lui que nos bataillons, nécessairement ébranlés

(1) Nous avons dit précédemment que la portée de l'artillerie s'étend à plus de 4000 mètres, et il est vrai qu'à cette distance elle peut jeter ses projectiles sur un large but, comme une ville où tout est plein ; mais pour agir avec effet sur une batterie dont il faut éteindre le feu, la distance de 1200 mètres est déjà trop grande ; et la preuve, c'est qu'on peut ouvrir la tranchée, et qu'on l'ouvre ordinairement à moins de 600 mètres.

d'un tel feu, et notre mur d'octroi, que ses projectiles, à la fin de leur course, auront en partie ruiné. Les colonnes ennemies auront donc un passage ouvert : or, c'est là ce que la fortification doit pouvoir empêcher.

Et l'on ne peut mettre en doute que l'ennemi puisse avoir assez de munitions pour une telle attaque : ses transports de campagne lui donneront au moins 300 coups par pièce ; 150 voitures de roulage en porteront autant pour ses pièces de siége ; voilà donc pour ses 500 bouches à feu 150,000 projectiles ; avec des relais il pourra doubler ce nombre ; et ce ne sont point là des chiffres inusités, puisqu'à Leipsick, en deux jours de bataille, nous avons tiré 175,000 coups de canon.

La grande imperfection, selon moi, des forts en projet : c'est que, étant à une distance moyenne de 1960 mètres les uns des autres, ils ne se soutiennent pas mutuellement, et laissent entre eux des intervalles où l'ennemi sera plus fort que nous ; ce ne sont pas seulement des forts *détachés*, ce sont des forts *isolés ;* ce sont de petites places qu'on peut attaquer *individuellement :* or, quand une place très petite est au foyer d'un cercle de feu de 300 pièces d'artillerie, elle est immédiatement réduite au silence. Le fort ne sera pas pris, cela est vrai, car il sera parfaitement construit et casematé ; mais on n'aura pas eu besoin de le prendre, il aura suffi de paralyser son feu extérieur; et l'action de ce fort sur la campagne étant alors détruite, il n'empêchera pas l'ennemi de passer.

CHAPITRE VIII.

QUELLE RÉSISTANCE LES FORTS DÉTACHÉS OPPOSERAIENT-ILS A LA BOMBE DE 1000, ET AUTRES MOYENS EXTRAORDINAIRES DE L'ATTAQUE?

Quand on fortifie, c'est pour l'avenir; il faut donc, *autant que possible*, prévoir quels seront dans l'avenir les moyens de l'attaque, et les chercher en se préservant de l'esprit de routine qui n'y voit que par derrière, comme de l'ardeur contraire, qui paralyserait les travaux actuels pour attendre ce que l'avenir peut inventer.

Ce qui, dans les moyens de l'attaque, pourra augmenter, ce n'est pas l'énergie des troupes : car chaque nation, à cet égard, va jusqu'où le mépris de la mort peut aller; ce n'est pas non plus la perfection des travaux d'ingénieurs; car Vauban, en ce qui est de l'attaque, n'a laissé à ses successeurs que les détails secondaires à perfectionner. C'est donc dans l'effet destructeur des armes de siége qu'il pourra survenir de nouveaux dangers pour la fortification. Or, ici les limites peuvent s'apercevoir : la poudre (actuelle ou toute autre) pourra devenir plus fulminante, plus active, plus forte; mais alors il sera impossible de l'employer, puisque déjà la poudre actuelle détruit les meilleures bouches à feu (1). Le poids des bouches à feu ne saurait aller au-delà de ce que les voitures peuvent traîner; et c'est un rêve que d'espérer des effets plus puissans avec des bouches à feu plus légères. La grosseur des projectiles est limitée par la difficulté de leur transport et de leur emploi; et on a partout abandonné d'anciennes bouches à feu monstrueuses, qui d'ailleurs étaient mal calculées. Cependant, en respectant ces diverses limites, mais en s'en approchant autant que les effets utiles peuvent y gagner, on a fait, dans ces derniers temps, trois espèces de bouches à feu qui paraissent exiger des modifications dans les usages de la défense; ce sont, le mortier à la Willantrois, le canon à bombes, et le mortier à projectiles de 1000 livres.

Le mortier du colonel Willantrois a été fait

---

(1) Je ne parle pas de la vapeur, et encore moins des agens qui ne sont pas encore inventés. La vapeur peut et doit avoir des applications comme moyen de guerre; mais son action successive et son appareil embarrassant, la rendent peu propre à l'attaque : c'est à la défense qu'on trouvera les moyens de l'appliquer.

pour porter très loin les bombes de calibre ordinaire, et il remplit bien son objet. Relativement à la fortification de Paris, ce mortier exclut entièrement le système d'enceinte sans forts; et dans le système des forts, il exige que ces forts soient plus éloignés de la ville qu'ils ne le sont sur quelques points au projet du gouvernement.

Le canon à bombes offre à l'attaque plusieurs effets, dont il sera nécessaire à la défense de se préserver.

1°. Il lance les bombes horizontalement avec force; or, les bombes en éclatant dans les parapets les détruisent; il faudra donc, au lieu de diminuer l'épaisseur de ces masses couvrantes (comme à quelques parties du projet des forts), leur donner une grande épaisseur et une grande résistance.

2°. Le canon à bombes lance un boulet massif de 80 livres, et le porte loin; il faudra donc à la fortification de Paris ne pas montrer 9 pieds de muraille (comme au projet d'enceinte continue), et ne pas compter sur un mur d'octroi découvert (comme au projet du gouvernement).

3°. Le canon à bombes lance très loin plus d'un quintal de mitraille, et en projetant par plongées cette quantité de fer, il balaiera les remparts. Il faut donc avoir des fortifications casematées, comme au projet du gouvernement, et non des fortifications à ciel ouvert, comme au projet d'enceinte continue.

La défense, comme on le voit, pourra, jusqu'à un certain point, être garantie des effets du canon à bombes; et nous verrons plus loin que ce canon pourra lui être d'une grande utilité.

Mais il n'en sera pas de même du *mortier de mille*, et l'action de cette bouche à feu exigera si impérieusement quelques dispositions spéciales, qu'il est indispensable d'en parler.

Étant en Belgique, avant le siége d'Anvers, il me parut que la citadelle pourrait être réduite sans siége, sans perte d'hommes, sans dépenses, au moyen d'une bouche à feu dont la menace, et au besoin l'emploi, seraient de nature à ébranler physiquement et moralement la défense. La proposition fut acceptée (en Belgique); le mortier fut exécuté, et mis en expérience. Voici cé qu'il fait : Sa bombe est du poids de 1000 livres, y compris 100 livres de poudre qu'elle contient. Pour la porter à 1000 mètres, il ne faut qu'une charge de poudre de 6 kilogrammes; et avec sa charge entière de 13 kilogrammes, elle a été à 1840 mètres. Elle s'est enfoncée, à sa chute, de plus de 2 mètres dans le sable (et l'on sait que le sable est peu compressible); elle a fait, en éclatant, des excavations de 6 mètres de diamètre (quoiqu'elle ne fût chargée qu'à moitié); elle a envoyé à plus de 300 mètres des éclats dont quelques-uns pesaient 80 kilogrammes.

Quand le siége commença, ce mortier (nouveau-venu) ne fut pas accepté, mais il le fut plus tard : il tira dix bombes, et immédiatement la cidadelle se rendit. J'ignore s'il a hâté la capitulation ; j'ignore si cet agent de destruction a eu le bonheur d'empêcher les pertes qu'une plus longue résistance eût causées : la brèche était ouverte, le passage du fossé allait s'entreprendre ; et si d'un côté je pense que ce moyen employé dès le début n'eût pas exigé le temps et le prix de dix-neuf jours de feu, d'un autre côté je reconnais qu'il est heureux que le siége ait eu son cours, puisqu'il a donné à notre armée nouvelle une occasion de montrer ce qu'elle vaut, et que c'est peut-être par ce résultat que la paix fut conservée. Quoi qu'il en soit de ces questions, voyons ce qu'il faut conclure dans celle qui nous occupe, et quelle influence pourront avoir les bombes de mille sur la résistance des fortifications.

Voici, pour en juger sans hypothèses contestables, ce qu'en disaient officiellement les officiers hollandais, au moment de la première apparition de ces bombes, et lorsque le général Chassé *venait de recevoir l'avis qu'on attachait la*

plus grande importance à ce qu'il tînt au moins jusqu'au premier janvier : « Aujourd'hui (21 dé-
» cembre) l'ennemi a porté sa brutalité au plus
» haut degré, en se servant du mortier-géant, an-
» noncé depuis si long-temps. Une de ses bombes
» est tombée devant le magasin à poudre, et a fait
» un trou assez grand pour y enterrer deux che-
» vaux (1). ».... « Je me suis fait apporter un frag-
» ment de cette bombe, que cet officier (le lieute-
» nant Grund) avait conservé à cause de son énor-
» mité : elle doit peser plusieurs quintaux. Il est
» donc démontré qu'on a commencé aujourd'hui
» à nous envoyer de ces terribles bombes, dont
» les journaux ont parlé depuis si long-temps. Le
» major commandant le génie est d'opinion que
» si pareille bombe tombe sur le magasin à pou-
» dre, elle en écrasera la voûte ; je crois aussi
» qu'aucune voûte des poternes n'y pourrait ré-
» sister. Ayez la bonté de rendre compte de tout
» ceci à S. Ex. le général : la chose est impor-
» tante. Puisse notre magasin être conservé : s'il
» venait à succomber il pourrait occasioner un

---

(1) *Journal de la défense,* par le colonel Germoens, officier distingué de l'état-major de la citadelle, mort à Anvers après le siége. (Extrait communiqué, ainsi que la citation suivante, par le général gouverneur de la province d'Anvers.)

» désastre chez vous (1) » (chez vous s'entend du lieu où logeaient l'état-major et le gouverneur).

Que faire, en effet, dans une citadelle, dans un fort, dans une place de peu d'étendue, contre une mine qui, tombant des airs sur la fortification, disperse la fortification dans les airs (2)?

On dit que ce moyen est brutal et monstrueux; mais une bombe de cent livres n'est pas moins brutale qu'une bombe de mille, elle n'est que moins

---

(1) Extrait du Rapport du major hollandais commandant l'artillerie de la citadelle.

(2) On a publié (14 janvier 1833) que : « Il ne paraît » pas utile de citer le mortier du colonel Paixhans. » Pas utile de le citer, à la bonne heure; mais du moins il fut utile de le tirer. On a publié aussi « qu'à une épreuve postérieure au siége, ce mortier avait succombé. » Et en effet, un accident l'a divisé en deux morceaux : mais le même jour chose pareille arrivait à Cherbourg sur un canon ordinaire; et de même que l'accident de Cherbourg ne fera pas en France renoncer aux canons, de même l'accident de Brescaet n'a pas fait renoncer le gouvernement éclairé de Bruxelles au mortier de 1000, qui est admis dans l'artillerie belge. On a vu la cause du mal, on a reconnu le remède convenable, et l'on a commandé un nouveau mortier, qui va être coulé, et qui, d'après les rectifications indiquées par l'expérience, aura les avantages du premier, sans avoir dans une de ses bombes le défaut accidentel, cause de ce qui est arrivé.

puissante ; et l'humanité ne consiste pas à ne tuer qu'en détail. Ce qui est brutal, c'est la guerre ; ce qui est monstrueux, c'est de la faire sans y être obligé ; mais le progrès d'aucun art, même de l'art de détruire, n'est en lui-même un mal ; et il est d'expérience, comme de raisonnement, qu'à mesure que les armes deviennent plus meurtrières, les guerres sont moins ensanglantées.

L'objection militaire, c'est le poids de ce mortier ; mais il n'a que le poids des voitures de roulage. Il a été de Liége à Brescaet, et de Brescaet à Anvers, pendant l'hiver ; il pourra donc faire d'autres voyages ; et la preuve qu'il est capable de marcher, c'est qu'il a marché.

Et sera-ce donc un mal pour la France d'avoir, si on l'y force, un moyen de soumettre en peu d'instans ces citadelles de Coblentz, de Mayence, de l'Escaut, etc., que les vainqueurs de 1815 ont bâties à nos frais contre nous ?...

Les étrangers, dira-t-on, auront ce moyen !... Ils l'auront, sans doute, et l'auront avant nous ; mais leurs défenses principales sont faites depuis 1815, tandis que les nôtres sont à faire ; de sorte qu'à l'avenir les étrangers se trouveront mal défendus (à moins de rebâtir, et nos millions n'y seront plus), tandis qu'il dépend de nous, surtout dans la fortification de Paris, de tout disposer pour nous bien défendre.

Ce qu'il faudra contre ces bombes de grand effet, ce sera de diviser et d'enterrer les dépôts de poudre; de faire les voûtes plus épaisses, moins larges, et surtout de les charger de matières difficiles à pénétrer; ce sera surtout d'établir plus que jamais, dans les fortifications, de bons abris pour les défenseurs.

Mais ce qui est principalement à observer ici : c'est que les petites places auront plus à perdre que les grandes, et que les forts projetés pour Paris étant de petites places, il conviendra, à cause des mortiers de mille, comme à cause des autres motifs que nous avons vus, que le système des forts soit modifié.

CHAPITRE IX.

LE MUR ACTUEL D'OCTROI PEUT-IL DEVENIR L'ENCEINTE DE SURETÉ?

La commission de 1818 propose pour enceinte le mur d'octroi, « *renforcé au moment par des* » *constructions passagères.* »

Le comité du génie, en 1830, veut ajouter à ce mur soixante-cinq petits bastions estimés ensemble 300,000 francs.

Et le projet de 1833 ajoute à ce dernier dispositif l'exhaussement du mur jusqu'à six mètres, et par derrière un étage d'arceaux portant un second rang de fusiliers, le tout montant à deux millions.

Ainsi, on voit que l'importance de l'enceinte a été de plus en plus sentie. Voyons maintenant si, d'après ce que la discussion publique a fait connaître, l'arrangement proposé pour le mur d'octroi peut être adopté.

Sous le rapport de son emplacement, le mur

d'octroi étant constitué en enceinte militaire, mettra hors de l'enceinte les accroissemens ultérieurs de la population. Étant en-deçà des habitations nouvelles, il exposera aux événemens des quartiers neufs, qui cependant seront alors la ville elle-même. Et comme ce mur n'a pas été fait dans un but défensif, sa situation (précisément vers le nord, qui est le côté important) se trouve au pied d'une ligne de hauteurs d'où l'ennemi nous dominera. Enfin, quand à l'extérieur on aura bâti, l'enceinte ne sera plus qu'une fortification intérieure laissant dehors ce qu'il faut défendre.

Quant à l'arrangement de ce mur, les soixante-cinq petits bastions, sur une enceinte de 23,000 mètres, donneront à chaque flanc une étendue de 346 mètres à protéger. Or, en fortification, la protection des flancs est regardée comme insuffisante au-delà de 250 mètres.

Puis, pour battre au dehors, on aurait seulement 325 emplacemens de canons sur le pourtour entier de l'enceinte, c'est-à-dire quatorze canons sur 1000 mètres : défense évidemment trop faible.

Et cette artillerie, outre qu'elle serait dominée, ne serait couverte que par un faible parapet en pierre, dont les éclats ajouteraient leur effet à celui des boulets ennemis, de sorte que nos canons seraient promptement réduits au silence; et comme l'assaillant aurait bientôt ouvert un mur léger qui se montre à nu, rien alors ne s'opposerait plus à son passage.

Ce mur, d'ailleurs, demeurât-il tout entier debout, ne serait-il pas exposé à l'escalade, puisqu'il n'aurait que 18 pieds de hauteur, et que contre l'escalade il en faut 25 à 30?

D'un autre côté, comment se trouveraient pendant le combat les défenseurs placés sur une banquette qui, étant à 12 pieds au-dessus du sol, n'aurait que 3 pieds de largeur? Et cette banquette, si elle est facile à monter pour nos gens, l'ennemi, arrivé sur le mur, ne pourra-t-il pas tout aussi facilement la descendre?

Ainsi le mur d'octroi, soit par sa position, soit par l'arrangement proposé au projet, ne paraît pas, lorsque les assaillans doivent être des troupes aguerries et nombreuses, offrir une enceinte assez résistante pour être défendue par les habitans. Ce n'est pas l'enceinte, il est vrai, qui doit être la partie la plus forte du dispositif, mais elle n'en est pas moins une très importante partie, qui doit donner à la ville toute sécurité.

CHAPITRE X.

L'ENSEMBLE DU SYSTÈME DU GOUVERNEMENT NE DOIT-IL PAS ÊTRE MODIFIÉ ?

La pensée générale du projet : Ces forts avancés qui éloignent les combats de la ville, ce vaste champ de bataille hors des murs, et cette enceinte pour mettre les habitans en sûreté, ne peut être que pleinement admise; mais le projet réaliserait-il cette pensée?...

Nous avons déjà vu que, sans quelques modifications à ses élémens principaux, il n'y répondrait qu'imparfaitement. Voyons si son ensemble n'a pas également besoin d'être modifié.

D'abord, à la distance où seraient placés la plupart des forts, les effets de l'artillerie pouvant s'étendre à 4000 mètres, et l'ennemi pouvant s'établir à 500 mètres de nous, ses projectiles dépasseraient les forts de 3500 mètres, et ils arriveraient : de l'ouest, près de la rue du Bac ; du nord, près des boulevarts Poissonnière et Saint-Martin ; du midi, jusqu'à Notre-Dame. Il est donc nécessaire que l'éloignement d'une partie des ouvrages extérieurs soit augmenté.

La position de Seine à Marne, forte par elle-même, utile à la ville qu'elle couvre de loin, et importante pour l'ensemble dont elle agrandit l'étendue, sera excellente quand l'armée s'y établira; mais comme l'armée doit pouvoir être absente, cette position, alors défendue par les gardes nationales, n'aurait plus assez de consistance, avec ses ouvrages en terre, quelque bien palissadés qu'on les suppose. Elle devrait donc, dans le projet, être comptée comme ayant à recevoir encore au moins des murs verticaux dans les fossés.

Les forts étant à une demi-lieue les uns des autres, si un seul fort succombe il ouvre une trouée d'une lieue, et l'ensemble du système est détruit. Il est donc nécessaire que les ouvrages extérieurs soient moins éloignés les uns des autres, et par conséquent plus nombreux.

Et la communication, soit des forts avec la ville, soit des forts entre eux, est-elle suffisamment assurée pour des gardes nationales, quand il y a des intervalles d'une demi-lieue, en présence de la cavalerie ennemie, et si près de toute son armée?

Les forts, dans leur ensemble, forment autour de Paris une ceinture parallèle à l'enceinte; mais il est reconnu que, pour la défense, les places ne doivent plus être rangées seulement en bataille, et qu'elles doivent aussi être disposées en colonne, pour agir sur les flancs de la marche de l'ennemi. Il faut donc, outre ce qui est présenté au projet, des ouvrages extérieurs sur des lignes perpendiculaires à l'enceinte.

Il y aurait, dans les forts extérieurs, 145,000 mètres carrés de très bonnes casemates (ce qui est peut-être beaucoup) et sur l'enceinte de la ville il n'y aurait qu'une ligne très mince de voûtes qui, n'ayant qu'un mètre de largeur, ne donnerait pas d'abris. N'y aurait-il donc pas une répartition plus avantageuse à faire pour les constructions voûtées?

Saint-Denis et Charenton sont nos passages de rivière, nos pivots de manœuvre, nos angles de choc, et nous rendent maîtres d'une étendue dont la grandeur empêche le blocus : ces deux points ayant une si grande importance, le projet les a-t-il assez fortement couverts et constitués?

Et les ponts sur la Seine et la Marne hors de Paris ne sont-ils pas un des élémens obligés du dispositif? Et n'y faut-il pas quelques ouvrages permanens, afin que leur possession ne puisse nous être enlevée?

D'après ces diverses objections, et d'après celles qui ont été développées aux chapitres précédens, alors même que plusieurs seraient mal fondées, il faut conclure, si je ne me trompe, qu'il y a nécessité d'apporter au projet du gouvernement quelques modifications.

Ici se termine ma critique. Peut-être la trouvera-t-on sévère; mais si elle l'est, c'est dans la vue d'être utile, et nullement avec l'intention de déprécier des travaux dont une foule de parties sont dignes d'éloges, ni encore moins des noms honorables dont la réputation est partout respectée.

CHAPITRE XI.

QUELLES PEUVENT ÊTRE LES BASES DU SYSTÈME DE DÉFENSE DE PARIS?

Quand on se place entre deux opinions qui se combattent, pour obtenir de chacune quelque concession, on est ordinairement en butte aux coups de l'une et de l'autre. Cet inconvénient, qu'il faut au besoin savoir accepter, je devrais y échapper ici, car laissant le système des forts détachés, et le système d'enceinte continue, je viens essayer de bâtir sur mon propre terrain, c'est-à-dire sur des principes que j'avais publiés avant que la discussion s'agitât, et qui, par conséquent, à défaut d'autre mérite, auraient du moins celui d'une évidente fixité.

Dans un ouvrage préparé de 1825 à 1830, et publié avant la révolution de juillet (1), je re-

(1) *Force et Faiblesse militaires de la France.* Essai sur la défense des États, etc. Paris, janvier 1830.

gardais la défense de Paris comme étant de première nécessité ; mais repoussant, comme aujourd'hui, l'idée d'une enceinte sans forts, je disais : « Cette enceinte aurait besoin, pour » n'être trop faible nulle part, d'avoir partout » une fortification coûteuse. Avec ce système la » défense loin de la ville est impossible : un » seul point vient-il à être emporté, tout suc» combe ; nos troupes veulent-elles opérer à » l'extérieur, il faut sortir par des défilés, et » une fois dehors elles n'ont plus d'appui. Enfin, » dans une position ainsi fermée, notre armée » n'a pas sur les campagnes environnantes cette » action libre, lointaine, continuelle, qu'elle » doit pouvoir exercer » (1).

Pour indiquer ce qu'il me paraissait convenable de faire, je disais : « Il faut que ce dispo» sitif ait assez d'étendue pour éloigner le bom» bardement, assez pour rendre le blocus impos» sible, assez pour offrir, dans certains cas, à » notre armée tout entière une position à la fois » bien ouverte et bien fermée.... La défense, ne » la mettons pas dans la place, mettons-la de» hors.... Il faut que l'influence d'une position » fortifiée s'étende, non pas à la portée de ses » canons ou de quelques sorties, mais à la por-

(1) *Voyez* page 234 de l'Ouvrage cité.

» tée lointaine d'une opération combinée... Il » faut que les fortifications n'exigent pas des ter- » rains trop considérables; qu'elles ne gênent pas » la circulation, les usages, les embellissemens et » même les plaisirs d'une grande ville» (1).

Et comme il ne suffit pas de présenter des principes vagues, j'en proposais, comme il suit, l'application : « Des forts extérieurs qui éloignent » des habitations les bombardemens, les siéges, » les combats; ces forts assez éloignés pour for- » mer un ensemble impossible à bloquer, cepen- » dant assez rapprochés de la ville et les uns des » autres, pour que la protection mutuelle ne » soit pas affaiblie par les distances; et au centre » de cette chaîne de forts, la ville à l'abri d'un » coup de main. Ainsi, autour de la ville, une » enceinte en fortification permanente de l'es- » pèce la moins coûteuse, qui, pour n'occuper » qu'une zone de terrain très étroite, et pour » résister à l'attaque d'emblée, aurait des flancs » qui seraient courts, mais à plusieurs étages. » En avant de cette enceinte, à une demi-lieue, » à une lieue, et même davantage, les points » dominans, les ponts, les têtes de faubourgs, » seraient occupés par des forts; ce qui oblige-

---

(1) *Voyez* pages 125, 370, 308, 236 de l'Ouvrage cité.

» rait l'ennemi à un circuit de dix à douze lieues...
» Nos principaux forts seraient liés à la ville par
» des lignes à double face ; ces lignes, dirigées en
» rayons, diviseraient le terrain autour de la
» ville de telle sorte que, lorsque l'ennemi au-
» rait pris un fort, et même lorsqu'il aurait fait
» tomber toutes les parties de cette ligne ayant
» ce fort en tête, il ne pourrait encore s'avancer
» que vers une seule portion de l'enceinte, en
» cheminant entre deux autres lignes...... Ce n'est
» point à l'armée que nous fesons arriver nos
» recrues, c'est dans nos positions fortifiées,
» c'est dans la capitale mise en état de défense ;
» et là on ne caserne pas le nouveau soldat, on
» le campe, etc. » (1).

Enfin, j'indiquais dans de longues notes les particularités spéciales et techniques (2).

Telle était avant 1830 mon opinion ; elle est encore la même : non que les travaux publiés et les discussions qui ont eu lieu depuis cette époque ne m'aient indiqué beaucoup de corrections à faire à mes premières vues ; mais c'est précisément parce que j'ai fait effort pour profiter de ces

---

(1) *Voyez* pages 236, 238 et page 175 de l'Ouvrage cité.

(2) *Voyez* pages 422 à 426 ; 433 à 438 ; 439 à 442, etc., du même Ouvrage.

travaux et de ces discussions, que je reproduis mes propositions, aujourd'hui qu'elles ont pu, par tant d'utiles avis, être corrigées, rectifiées, en partie détruites et en partie refaites, avec l'intention d'être plus sévère encore pour mes projets que pour ceux que j'ai critiqués.

Je vais examiner premièrement, car ce sont les bases fondamentales de la question : quel rôle peut jouer la garde nationale dans la défense ; quelles servitudes la propriété peut raisonnablement souffrir ; et combien de temps la résistance doit pouvoir durer.

CHAPITRE XII.

QUESTION DE LA DÉFENSE DE PARIS PAR LA GARDE NATIONALE.

Si désormais la France est attaquée, ce sera par un effort puissant et rapide. L'armée sera tout entière en campagne ; la garde nationale sera presque seule disponible pour les garnisons ; et comme ce n'est pas pour que l'armée y soit, mais au contraire pour qu'elle n'y soit pas, que Paris sera fortifié, les fortifications de Paris (et désormais les autres) doivent être faites de manière à pouvoir être défendues presque sans troupes de ligne.

Pour suppléer aux troupes de ligne par les citoyens armés, et pour tirer de la garde nationale tous les services qu'elle peut et qu'elle veut rendre, il faut apprécier sans flatterie, sans illusion, ce qu'elle est réellement en état de faire. Ainsi, ce n'est pas elle qui, en général, doit être exposée aux plus grandes fatigues et aux plus grands périls ; ce n'est pas elle, par exemple, qui sera mise dans la plaine en face de ces masses de cuirassiers ennemis dont la charge arrive comme une avalanche de fer; d'autres y sont destinés : il faut à la guerre des gens de guerre.

On peut certainement compter sur la garde nationale : pour tout surveiller avec soin; pour harceler l'ennemi autour de tous les obstacles; pour fournir des volontaires qui seront meilleurs que les meilleurs soldats; et pour être partout fidèle au pays, intelligente, et pleine d'un dévouement désintéressé. Mais quand nous élevons des remparts qu'elle doit défendre, il faut que la défense y trouve des abris; il faut, au moyen de ces abris, que quand l'ennemi ouvrira ses feux (qui devant Paris seront considérables), les défenseurs puissent repousser les assaillans sans être eux-mêmes trop exposés; il faut enfin que la fortification soit faite spécialement pour les défenseurs qui devront la garder. Et en effet, puisque les ingénieurs ont fait des parapets en terre quand le canon est venu traverser leurs parapets de maçonnerie; puisqu'ils ont dérobé leurs murailles aux vues du dehors quand l'artillerie est venue les renverser; puisque leur mérite consiste à se conformer aux besoins de chaque époque; pourquoi, aujourd'hui que la garde nationale sera chargée presque seule de la défense des fortifications, ne feraient-ils pas des fortifications spécialement convenables à la garde nationale?

Et l'artillerie, les armes, les machines : pourquoi ne viendraient-elles pas aussi à l'aide?... Pourquoi enfin chacun des moyens de l'art ne chercherait-il pas tout ce qu'il peut donner de puissance pour la défense de la ville des arts?... C'est dans cet esprit qu'un tel projet doit être conçu, et non avec un respect trop timide pour de vieux usages, dont la valeur est depuis long-temps contestée.

La garde nationale trouvera donc tout disposé pour elle; elle sera mise en état de résister facilement aux étrangers; et cette masse nombreuse de citoyens armés de Paris et des départemens voisins offrira, de plus, un excellent moyen contre la turbulence des partis violens, si, dans cette circonstance critique, ils essayaient de s'agiter.

Et comme dans une action aussi importante que la défense de Paris il y aura quelques efforts d'une extrême vigueur à repousser, ce serait trop exiger de la garde nationale que de l'en charger absolument seule, et il sera bien d'admettre avec elle quelques corps de troupes aguerries; l'émulation n'en sera que mieux excitée.

Quant à l'armée, elle pourra dans certaines occasions venir autour de Paris, et il faut que le dispositif soit fait pour qu'elle y trouve sa place; mais elle doit y venir derrière l'ennemi plutôt que derrière le rempart : car l'armée n'est la garnison ni de Paris, ni d'aucune ville, elle est la garnison du territoire entier de la France.

CHAPITRE XIII.

QUESTION DES SERVITUDES IMPOSÉES A LA PROPRIÉTÉ PAR LES FORTIFICATIONS.

L'étendue des servitudes était autrefois sans limite autour des châteaux forts qui couvraient le sol; aujourd'hui les environs seuls des places fortes sont soumis à quelques charges militaires.

Ces charges sont-elles réduites par nos lois à ce qu'exige indispensablement la défense? Je n'ai pas à examiner cette question en général, puisque Paris est un cas particulier; mais, pour Paris, je pense que sur son vaste pourtour, où tout a une si grande valeur, il serait impossible d'imposer à une zone de 974 mètres, ni de 487, ni même de 250, l'obligation légale d'être une plaine rase, afin que les projectiles puissent y bien circuler.

Payons ce qu'il faut pour bâtir; mais évitons, autant que possible, de payer aussi pour démolir, et examinons quel est le *minimum* de l'étendue réellement nécessaire en avant d'une fortification qui ne doit être ni dominée, ni trop facilement abordée.

Pour établir ce *minimum*, il y a deux choses à distinguer : la défense contre l'attaque de vive force, et celle contre l'attaque pied à pied.

Devant les ouvrages qui n'ont à se défendre que contre l'attaque de vive force, c'est-à-dire ici devant l'enceinte qui enveloppera immédiatement la ville, je pense qu'il suffit d'un terrain découvert de 100 mètres au-delà du glacis, avec la condition de ne pas élever à plus de 18 mètres de hauteur les maisons qui borderont cette zone découverte. Et en effet, si l'on accordait les 250 mètres exigés par la loi, qu'y gagnerait la défense? Elle y gagnerait 150 mètres de plus à traverser par l'ennemi sous le feu du rempart; mais pour traverser 150 mètres il ne faut pas deux minutes, et la véritable défense n'est pas ici l'effet éloigné des feux à ciel ouvert, que l'ennemi éteint toujours; mais l'effet dans les fossés des feux casematés, que l'ennemi ne pourra pas éteindre, et ne voudra pas aborder. Quant à être dominé des maisons par la carabine assiégeante : si la fortification n'est pas couverte et défilée, nous serons vus de 250 mètres, sinon autant que de 100 mètres, du moins assez pour que le rempart ne soit pas tenable; et si au contraire la fortification est défilée, couverte, casematée, comme ici nous aurons soin qu'elle le soit, la distance de 100 mètres suffira. Ainsi, la fortification de l'enceinte pourra se contenter de la zone de 100 mètres, qui est celle fixée pour le service de l'octroi; elle pourra permettre aux maisons d'avoir la hauteur de 18 mètres, qui est celle fixée par les ordonnances de police; et par conséquent la défense militaire n'exigera que ce qui déjà se trouve établi.

Autour des ouvrages éloignés, redoutes et forts, il faut distinguer les parties qui regardent la ville, et celles qui regardent l'ennemi.

Pour les parties tournées du côté de la ville, il n'est pas nécessaire qu'elles puissent résister à un siége pied à pied; il est au contraire convenable qu'elles ne le puissent pas. Ainsi, n'ayant à résister qu'à l'attaque de vive force, le terrain découvert à 100 mètres suffira.

Pour les parties tournées vers l'ennemi, il y a nécessité qu'elles puissent voir et battre le terrain; mais je pense qu'ici (même contre l'attaque régulière) la première zone légale, celle de 250 mètres, sera suffisante, sans accorder les servitudes que la loi impose jusqu'à 487 et 974 mètres. Cette étendue de 250 mètres a paru suffisante, pour l'enceinte continue, aux ingénieurs expérimentés qui voulaient cette enceinte pour toute fortification. Et la question d'ailleurs est claire en elle-même ; car, de deux choses l'une : ou l'artillerie est impuissante à empêcher les travaux d'attaque; et alors à quoi bon tant de sacrifices, pour qu'elle fasse voir un peu plus loin son impuissance ? Ou elle est capable de détruire ces travaux, et alors elle pourra détruire à plus forte raison des maisons, des clôtures, beaucoup moins résistantes que des tranchées en terre. Et d'ailleurs, avec une forte garnison, ces murailles, ces fossés, si on les juge bons pour l'assiégeant contre nous, ils seront bons aussi pour nous contre l'assiégeant ; ce seront donc des fortifications avancées, et des fortifications qu'on paiera seulement dans le cas très rare, et sur le terrain très circonscrit, où l'on en aura fait usage; or, cette espèce de fortification a plus d'une fois résisté aussi bien que les réguliers et légitimes bastions ; car la meilleure fortification, en résultat, ce n'est pas l'ingénieur qui la fait, c'est le défenseur; et la résistance gagnera bien plus en arrêtant l'ennemi dans ce labyrinthe, qu'en lui préparant une plaine facile à traverser (1).

(1) La défense dans les maisons, inadmissible pour la ville et pour les parties qui touchent à la ville, peut et

Je conclus de ces observations :

Que devant l'enceinte qui environnera les faubourgs, il suffira, pour la défense, de la zone découverte de 100 mètres, qui est prescrite pour l'octroi ;

Que derrière les ouvrages qui formeront la ceinture lointaine en avant de cette enceinte, il suffira également d'une zone découverte de 100 mètres ;

Qu'en avant de la ceinture extérieure, c'est-à-dire dans les campagnes à une distance qui sera presque partout celle de Vincennes et de Saint-Denis, et où les terrains sont en général sans bâtimens, et beaucoup moins chers qu'autour de Paris, il sera nécessaire d'accorder une zone découverte de 250 mètres.

Mais que nulle part la défense n'exigera les servitudes plus étendues que 250 mètres.

Enfin que ces exceptions aux lois existantes doivent être textuellement exprimées dans la loi sur la fortification de Paris. Et il n'est pas à dire que de telles exceptions seraient un pri-

---

doit se prévoir, pour quelques villages éloignés, qui ne seront pas dans une situation autre que celle de toutes les communes où arrive la guerre, et dont les pertes peu considérables pourront, le cas échéant, être couvertes par des indemnités.

vilége en faveur de la capitale : elles seraient évidemment une nécessité particulière dans des vues d'économie; or l'économie n'intéresse pas la capitale seule, elle intéresse la France entière.

CHAPITRE XIV.

QUESTION DE LA DURÉE DE LA RÉSISTANCE.

La première chose à savoir pour établir le projet d'une fortification, c'est combien de temps on veut qu'elle puisse résister.

Ici, la durée *désirable* est celle qui donnerait à la France le temps de réunir toutes ses forces, et la durée *possible* est celle pendant laquelle un million d'hommes peut vivre avec des approvisionnemens difficilement renouvelés. Ne discutons que la durée *possible*.

On pourrait affirmer, en s'appuyant sur l'histoire, que de grandes populations, telles par exemple que celles des capitales de l'antiquité, peuvent soutenir un long siége; mais ces comparaisons avec les faits antiques ne répondent qu'imparfaitement à nos questions modernes, et c'est dans le cas particulier de Paris lui-même, qu'il faut, je crois, se renfermer.

Vauban estimait, et il faisait voir en détail,

qu'à Paris, avec des magasins publics, avec les approvisionnemens des habitans, et avec ce qu'on ferait entrer à l'approche de l'ennemi, on pourrait *faire subsister cette grande multitude un an durant.* Un an, c'est beaucoup, et malgré mon respect pour les opinions de Vauban, je ne pense pas que celle-ci puisse être admise; mais, d'un autre côté, je ne puis croire non plus, avec les partisans de l'enceinte continue sans forts, *Qu'un mois est le* maximum *de temps pendant lequel on pourrait priver de ses marchés habituels une population de huit cent mille âmes.*

Entre ces deux termes extrêmes, on sait que Paris peut facilement avoir pour deux mois de viande, pour trois mois de farine, et beaucoup de personnes expérimentées pensent qu'une résistance de trois mois est possible.

D'ailleurs, avec notre dispositif, dont le blocus exigerait que l'ennemi se dispersât sur un pourtour de 15 lieues; avec notre armée active en observation dans le voisinage; et avec nos départemens des environs occupés à porter secours, il est évident que la clôture serait rarement complète, et que les convois, tenus prêts à une ou deux journées de marche, pourraient fréquemment entrer.

Cependant, alors même que, par ces divers

moyens, les approvisionnemens seraient possibles pour plus de trois mois, ces approvisionnemens seraient incomplets sous bien des rapports; et il ne faut pas oublier que dans une ville telle que Paris, et dans une telle circonstance, avant la faim, qui termine tout, arriveraient la fatigue et l'impatience, qui empêchent de rien terminer.

Il est donc à croire, si je ne me trompe, que la fortification de Paris ne doit être constituée que pour une résistance de deux à trois mois, et que par conséquent ce qu'on dépenserait pour une plus longue résistance serait mal employé.

Or, une telle durée de résistance est suffisante; car où est l'ennemi qui, déjà épuisé par de grands efforts, pourrait exister, au centre de notre territoire, en présence des forces que, en deux à trois mois, la France peut rassembler?

CHAPITRE XV.

ENSEMBLE DU SYSTÈME DE DÉFENSE A ÉTABLIR POUR PARIS.

Le dispositif à établir doit satisfaire à la fois, et aux principes généraux de l'art défensif, et aux convenances particulières de la ville. Ainsi :

La fortification de Paris ne doit entraver ni la circulation habituelle, ni les constructions du commerce et de l'industrie, ni les accroissemens ultérieurs de la population;

Les ouvrages extérieurs ne doivent pas dominer la ville; c'est la ville, au contraire, qui doit dominer les ouvrages extérieurs;

La fortification doit s'étendre assez loin pour que l'ennemi, et ses attaques, et ses projectiles, et nos camps, et nos munitions, ne soient jamais un danger pour la ville;

Le dispositif ne doit pas être fait seulement pour la défense passive, puisqu'on aura toujours quelques troupes, et parfois toute l'armée. Il ne doit pas être fait non plus, seulement pour la défense active, puisque habituellement la masse des troupes de ligne devra pouvoir être ailleurs. Il doit donc offrir *à la fois* un obstacle inerte et fermé, qui puisse être défendu par la garde nationale, et un champ de bataille ouvert, qui se prête aux manœuvres les plus larges et les plus animées.

D'après ces bases, d'après ce qui a été dit aux divers chapitres précédens, et en ayant égard aux terrains maintenant acquis, voici ma proposition :

D'abord une enceinte de sûreté, qui environnerait non-seulement la ville actuelle, mais encore ses faubourgs, et qui offrirait une défense facile et abritée contre toute attaque de vive force.

Au dehors de cette enceinte, et au loin, une ceinture d'ouvrages permanens, éloignés les uns des autres seulement de 500 à 600 mètres, afin que leur protection réciproque soit immédiate et réelle. Ces ouvrages, plutôt forts que grands, et soutenus d'ailleurs par de puissantes batteries, seraient en outre assez solidement constitués pour se défendre individuellement.

Et pour que la zone intermédiaire entre l'enceinte et la ceinture des ouvrages extérieurs ne soit pas au pouvoir de l'ennemi aussitôt qu'il aurait pris quelques ouvrages, cette zone serait divisée en plusieurs camps, non point par de secondes et troisièmes lignes parallèles à la circonférence, mais par des lignes perpendiculaires à cette circonférence; de sorte que l'un des points de la ceinture extérieure étant rompu, l'ennemi, s'il s'avançait, aurait un de nos camps fortifiés sur chacun des flancs de sa marche, et serait placé dans un rentrant presque entièrement enveloppé.

Ces camps extérieurs s'appuieraient tous sur la ville, qui servirait à chacun de citadelle; et des trois autres côtés ils seraient ouverts à nos manœuvres, par des mailles assez larges pour le passage des colonnes, et cependant assez serrées pour que la mitraille y croise partout ses feux.

Ainsi, dans le projet du gouvernement, le fort détaché est l'unité principale de la défense extérieure : dans celui-ci, l'unité principale est un camp fortifié. Dans le projet du gouvernement le fort détaché est tout et l'enceinte n'est que le simple mur d'octroi: dans celui-ci l'enceinte est constituée pour que la garde nationale puisse la défendre *facilement*. Dans le projet du gouvernement, nos troupes sont campées à l'extérieur des forts: dans celui-ci, la fortification couvre nos troupes campées. Le système du gouvernement avec ses intervalles d'une demi-lieue serait excellent pour une armée de ligne capable de disputer la victoire; mais quand l'ennemi est devant Paris, c'est que notre armée de ligne est absente ou battue; d'ailleurs, si nos camps ne sont pas entièrement ouverts, ils sont loin de former une clôture incommode, et des ouvrages espacés de 500 mètres ne sont pas une protection qui puisse ôter à nos manœuvres leur liberté.

On voit qu'ici, comme dans la proposition de Vauban, nous avons, pour ainsi dire, deux enceintes, dont l'une autour de la ville, et l'autre au loin; mais avec ces différences : que l'enceinte intérieure est plus grande que celle de Vauban, parce qu'il a fallu avoir égard aux accroissemens passés et à venir de Paris; que l'enceinte extérieure n'est pas continue, parce que les troupes étant plus manœuvrières qu'à l'époque de Vauban, ont plus besoin de leur liberté d'action; et que le tout est disposé seulement pour une résistance de deux à trois mois, parce que la capitale ne doit pas être exposée à un siége d'un an, ainsi qu'à une autre époque Vauban l'avait pensé.

Au nord de ce dispositif, c'est-à-dire du côté attaquable, nous aurions, en outre, cette grande et belle position des hauteurs entre Seine et Marne; position actuellement fortifiée, et à laquelle une dépense peu considérable donnera, contre les attaques de vive force, presque la valeur d'une fortification permanente.

Les chapitres suivans, conjointement avec la planche gravée, vont développer et faire mieux connaître ce qu'une description sommaire n'a pu qu'indiquer ; et il est bien entendu que la gravure n'offre qu'une indication sommaire, qui ne peut offrir sur une échelle si petite, ni l'emplacement exact, ni encore moins la grandeur et la forme de chacun des ouvrages qu'on y voit tracés.

CHAPITRE XVI.

ENCEINTE A ÉTABLIR AUTOUR DE PARIS.

L'enceinte qui fut bâtie dans le cinquième siècle autour de la cité, et qui, s'avançant peu à peu, était sous Louis XIV au boulevart intérieur actuel, fut portée en 1786 au mur d'octroi qui maintenant forme le boulevart extérieur; et nous avons vu qu'il sera nécessaire de pouvoir l'agrandir encore. La limite, à cet égard, n'est pas de celles qui puissent être fixées; mais l'enceinte proposée par les ingénieurs qui pensent que cette enceinte peut suffire à elle seule, permettrait à la population de s'accroître de 800,000 à 1,300,000 habitans; et comme, en outre, nous aurions au dehors plusieurs camps fortifiés qui pourraient devenir autant de villes extérieures considérables, ce sera cette enceinte que nous adopterons, mais constituée d'une autre manière, et plutôt agrandie que resserrée.

Pour la tracer on s'établirait sur les points

qu'indiquent les conditions de la défense, en évitant les expropriations trop coûteuses, et en occupant de préférence les terrains maintenant acquis pour quelques forts détachés.

Elle passerait alors, ainsi que le plan gravé le fait voir, du côté de la rive droite : en avant de Passy, sur les terrains désignés pour deux forts détachés; puis par les Thermes, en avant de Mousseaux, des Batignolles et de Montmartre (de Montmartre, qui en 1794 eût été compris dans le mur d'octroi sans le crédit d'une abbesse); puis en avant de la Chapelle et de la Villette, sur le terrain désigné pour deux forts; de là elle monterait en avant de Belleville, sur le terrain d'un fort et sur la ligne qu'on avait voulue en 1815 et en décembre 1830; enfin, en avant des barrières du Trône et de Bercy.

Sur la rive gauche, elle couvrirait Vaugirard, le Petit-Montrouge, le Petit-Gentilly, et Austerlitz, passant sur le terrain où sont marqués les deux forts les plus rapprochés.

Cette enceinte, qui aurait plus de 30,000 mètres de pourtour, aurait: un rempart en terre dont le parapet s'élèverait de 7 mètres au-dessus du sol; un fossé de 7 mètres, au moins, de profondeur; dans le fossé un mur élevé, détaché des terres, crénelé, et flanqué de tours; ces tours, ou bastions à faces très courtes, seraient formées d'une escarpe de 10 mètres de hauteur; elles auraient à la partie supérieure des flancs ordinaires, mais au-dessous des flancs casematés, pour abriter l'artillerie et les défenseurs; enfin, autour du fossé, un chemin couvert, ou corridor à glacis, pour couvrir la muraille, pour assurer les communications, et pour donner un double étage de feux. On peut voir aux notes les détails plus circonstanciés.

Les tours, outre les emplacemens pour l'artillerie, pourraient offrir des voûtes suffisantes pour loger plus de dix mille hommes. Les casemates auraient sur le fossé six cents embrasures pour l'artillerie, et deux mille pour les fusils de rempart, indépendamment des parapets à ciel ouvert, et des crénaux de la muraille, et sans compter les obus et les bombes qui seraient jetés dans le fossé par ces milliers de crénaux.

Le rempart étant presque entièrement en courtines ne serait ni enfilé ni ricoché.

Pour demi-lunes à ce corps de place nous avons, non pas de faibles ouvrages rétrécis, mais des camps fortifiés tout entiers.

L'attaque pied à pied de cette enceinte ne pourra s'entreprendre qu'après avoir réduit l'un des camps extérieurs, et en s'avançant entre deux autres camps. Et contre l'attaque de vive force, aussitôt que les colonnes ennemies auront masqué leurs propres batteries, nos défenseurs sortant de leurs abris borderont le rempart, une décharge de toutes les bouches à feu recevra l'assaillant sur le glacis; et quand il sera dans le fossé, alors il se trouvera battu des deux côtés par la mitraille des flancs (or, un seul coup d'un seul canon à bombes de 80 criblera le fossé de huit cents balles de fer); il se trouvera battu de face par la fusillade du mur partout crénelé; il recevra en outre les obus et les bombes qui feront explosion en tombant d'une partie des crénaux; et au milieu de ce volcan, dont il n'aura nul moyen d'éteindre le feu, que fera-t-il au pied d'une haute muraille, que rien encore n'aura entamée? (1)

Pour plus de sûreté encore, les fossés seront tenus pleins d'eau sur les trois huitièmes à peu près de l'enceinte; et des réservoirs préparés aux points culminans fourniront le moyen, même

---

(1) Voici quel sera l'effet des projectiles creux dans le fossé, indépendamment de la mitraille : une bombe française tombant (1680) dans les batteries d'Alger, renversa, à elle seule, plusieurs canons et 50 hommes. Une bombe tombant sur un vaisseau français (1690), y mit 100 hommes hors de combat. A Zigenheim (1761), une bombe éclatant près d'un bœuf, le lança à 200 pieds. Dans mes épreuves de Brest (1823), un projectile creux

dans une partie des fossés secs, d'emporter, en ouvrant les vannes, tout ce que la mitraille aura épargné.

Les barrières de cette enceinte seront aussi larges qu'on le voudra; car, au besoin, il sera facile de les resserrer.

Et si les entrées de Paris, en se montrant bordées de murailles et de tours percées d'embrasures, offrent aux regards un spectacle sévère, ces constructions du moins, étant ouvertes du côté de la ville, ne seront menaçantes que pour nos ennemis.

Quant au mur actuel d'octroi : il pourra demeurer ce qu'il est, d'abord comme éventuellement défensif, et ensuite jusqu'à ce qu'on aurait décidé à loisir s'il convient de porter l'octroi sur la nouvelle enceinte, soit partiellement, soit en totalité.

---

du calibre de 80, en éclatant dans le vaisseau servant de but, y renversa, à lui seul, plus de 40 simulacres de canonniers. A la défense de Badajoz, un chapelet de bombes éclatant au pied de la brèche, bouleversa toute une colonne anglaise. Quel effet n'aura donc pas une pluie de bombes tombant de tous les créneaux, sur les hommes réunis dans le fond d'un fossé?

CHAPITRE XVII.

QUELLE SERAIT LA FORTIFICATION DES CAMPS AUTOUR DE PARIS?

Avant d'indiquer l'emplacement de nos ouvrages extérieurs, faisons d'abord voir comment ces ouvrages seraient constitués.

Dans le projet du gouvernement, les forts, au nombre de quinze, sont à une distance du mur d'octroi qui varie de 170 à 2420 mètres, et ils sont entre eux à une distance qui varie de 900 à 3400 mètres. Dans le système que je propose, les ouvrages extérieurs seraient, en général, plus éloignés de la ville, et la distance entre ces ouvrages serait, à peu près uniformément, de 500 à 600 mètres.

De ces différences dans la pensée fondamentale, il résulte : que le nombre, la grandeur et la construction des ouvrages ne peuvent pas être les mêmes, et je pense que, par les motifs militaires, et par le motif si impérieux de l'économie, il conviendrait d'admettre, selon l'importance des points à occuper, trois types d'ouvrages extérieurs, qui seraient constitués à peu près comme il suit :

1°. Des forts fermés avec réduit, qui auraient (comme au projet si bien étudié du gouvernement) deux à trois étages de feux, dont un casematé, mais qui, dans le sens horizontal, auraient des dimensions moindres, et qui, au lieu d'être également fortifiés dans tous les sens, le seraient autrement du côté de la ville. La dépense moyenne, au lieu d'être 1,800,000 fr., ne serait que 500,000. On ne donnerait ces forts de première classe qu'à un petit nombre de points très importans.

2°. Des forts fermés aussi, mais de dimensions moindres, et sans réduit intérieur, qui cependant auraient des parapets assez forts contre le gros canon, des murs (détachés) assez hauts contre l'escalade, et quelques abris voûtés. Le prix de chacun serait de 150 à 180,000 fr.

3°. Enfin, pour les points les moins importans, des forts de troisième classe (redoutes ou lunettes), moins grands que ceux de seconde classe, mais ayant comme eux un profil suffisant contre l'escalade et le canon. Leur prix serait de 60,000 à 80,000 fr.

Dans les trois cas : chaque fort étant fermé, ayant une muraille, des abris et des fossés battus par des flancs couverts, pourra se défendre par lui-même, indépendamment de la protection que lui donneront, de droite et de gauche, les ouvrages voisins.

Des détails plus étendus seraient ici fastidieux; cependant, comme les détails sont nécessaires, on peut les voir à la fin de cet ouvrage, dans les notes, où ils sont développés.

Ces forts seront comme les bastions des camps qui environneront Paris; mais en présence d'une artillerie ennemie très nombreuse, les espaces entre ces bastions ne doivent pas être fermés seulement par des masses d'hommes, il y faut des masses de terre. Par ce motif, nous éleverons en arrière des intervalles qui sépareront les forts, et à une distance qui laissera de grands passages libres, des batteries en terre.

Ces batteries, qui seront comme les courtines du dispositif, et qui par conséquent ne seront point battues d'enfilade, seront à double étage partout où l'artillerie ennemie pourra se développer facilement; et, sans nous empêcher de nous présenter en bataille quand nous le voudrons, elles couvriront l'intérieur de nos camps, et offriront à notre artillerie de vastes emplacemens, d'où elle pourra dominer celle de l'ennemi par la supériorité du calibre, par celle du nombre et par celle de la position.

On voit que l'abord de ces batteries, outre qu'il sera défendu par un bon fossé et par leur propre feu, sera battu de flanc par les forts voisins, et battu à revers par les flancs casematés des fronts intérieurs de ces forts (1).

Dans ce dispositif, chacun de nos ouvrages extérieurs a par lui-même, il est vrai, une force moindre que celle d'un des forts du gouvernement; mais chacun aussi est défendu par l'artillerie renfermée dans plusieurs forts de sa droite et de sa gauche; défendu par l'artillerie montée sur la vaste étendue de nos batteries en courtines; et cette artillerie, sur les points importans, ne sera pas moindre que 500 à 600 bouches à feu, ayant action sur l'attaque.

Et si, après avoir été ainsi défendu, l'un de nos forts venait à succomber, qu'est-ce qu'une maille de moins dans un réseau qui demeure presque entier?

Et alors même que plusieurs forts seraient

---

(1) Voir, pour plus de détails relativement à ces batteries, ce qui est dit à la note C, et aux autres notes sur l'artillerie de la défense.

pris, comment l'ennemi s'avancerait-il contre l'enceinte à travers un espace dominé, de droite et pe gauche, par les deux camps fortifiés voisins? Et dans une telle situation, lequel des deux serait l'assiégé?

CHAPITRE XVIII.

MOYEN D'EMPÊCHER LES OUVRAGES EXTÉRIEURS DE POUVOIR OPPRIMER LA VILLE.

Une question importante, et dont la solution doit trouver ici sa place, est celle de n'avoir pas à craindre que jamais l'action des forts puisse être dirigée contre la ville.

Voici comment je pense que cette question peut être résolue.

D'abord un grand nombre de forts seraient trop éloignés pour être à portée de nuire. Puis ils seraient tous fortifiés du côté de la ville, non point par des parapets à l'épreuve du canon de siége, et par des murailles dérobées aux coups, mais par des murailles vues, et par de minces parapets seulement contre l'attaque de vive force.

De cette manière, au moyen de quelques batteries de gros canon, la ville aura toujours la faculté d'ouvrir les forts : faculté que l'ennemi n'aura pas, car on ne vient pas faire un siége, même très court, ayant à dos les remparts et la garnison de Paris.

Cette puissance des défenseurs de la ville sur l'existence des forts sera celle des gros canons ordinaires, qui font brèche à 600 mètres, ainsi qu'on l'a vu par les batteries anglaises contre les fortifications de Saint-Sébastien.

Mais il y a mieux, et en employant mon canon à bombes, ce canon, sous l'angle rasant de 5 degrés, porte des boulets massifs de 80 livres à 2000 mètres, ainsi qu'on l'a vu aux épreuves de Brest : or, avec des projectiles d'une telle masse, il faudra bien peu d'heures pour qu'une muraille soit mise en brèche.

Et les forts ne pourront pas faire contre la ville, ce que la ville pourra faire contre les forts : car la fortification de la ville, enveloppée d'un glacis, ne montrera que des parapets en terre à l'épreuve, tandis que *du côté de la ville*, les forts montreront des murailles à démolir.

Nos ouvrages extérieurs ne seront donc pas des forts *détachés* capables de commander la ville, mais des forts *attachés*, que la ville commandera : soit immédiatement par des bouches à feu placées sur le rempart même de l'enceinte, soit par des batteries construites en avant de l'enceinte contre les forts éloignés ; batteries dont la construction sera toujours facile, et qui sur leurs flancs et derrière elles trouveront, dans notre dispositif, des appuis aussi nombreux que solides, et fortement situés.

Or, quand la ville aura une telle action sur les ouvrages qui seront en avant de son enceinte : peu importera dès lors que l'artillerie de ces ouvrages extérieurs soit plus ou moins hostile, plus ou moins puissante; l'intérieur commandera le dehors, et tout ouvrage du dehors qui deviendrait nuisible serait en peu d'instant renversé.

CHAPITRE XIX.

QUEL SERAIT L'EMPLACEMENT DES CAMPS FORTIFIÉS AUTOUR DE PARIS ?

La ligne des ouvrages extérieurs passerait, ainsi qu'on peut le voir au plan, en avant des fortifications actuelles de Saint-Denis, dont elle serait la défense avancée; puis, couvrant Aubervilliers, elle irait, par les points élevés de la plaine, joindre les fortifications actuelles de Pantin ; de là, prenant le fort de Romainville, qui serait amélioré, elle irait descendre, entre Bagnolet et Ménil-Montant, sur Vincennes. De Vincennes elle irait, par le bois, couvrir la tête du pont de Charenton entre Marne et Seine; et enfin, de la Haute-Seine à la Seine sous Auteuil, elle couvrirait Ivry, Bicêtre, Montrouge et Vaugirard, en couronnant les hauteurs. Dans le rentrant de la Seine occupé par le bois de Boulogne, ce serait sur l'enceinte du bois que passerait la ligne des ouvrages, afin de n'être pas dominée par la rive gauche, et elle regagnerait Saint-Denis, en se rapprochant de la Seine.

Voici maintenant quels seraient les camps fortifiés qui, ayant devant eux cette ligne d'ouvrages, et derrière eux l'enceinte de la ville, seraient formés par le partage de la zone intermédiaire, soit naturel au moyen des cours d'eau, soit artificiel au moyen de quelques forts.

La vue du plan est nécessaire pour la clarté de tout ce chapitre.

Camp de Saint-Denis. L'importance de Saint-Denis est évidente : c'est un point saillant qui domine les deux rives, et qui s'offre le premier aux attaques. Sa défense entre dans tous les systèmes. Il est déjà fortifié. Trois millions ont été demandés par le gouvernement pour le rendre plus fort. Et, au moyen de la rivière et du canal, Saint-Denis ferme, presque sans fortifications, une étendue de trois lieues carrées.

En avant et au nord de Saint-Denis, seraient donc en première ligne quelques-uns des plus solides ouvrages de la ceinture extérieure, et en seconde ligne, la fortification actuelle, si on la veut maintenir, mais considérablement améliorée.

A droite, c'est la plaine d'attaque : ainsi de ce côté, en première ligne, les eaux retenues des ruisseaux ; en seconde ligne, les ouvrages de la ceinture extérieure ; et en troisième ligne, le canal, actuellement fortifié.

Telle serait l'une des deux parties du camp de Saint-Denis ; l'autre partie, plus étendue, serait entre le canal, la Seine, et quelques ouvrages qui, entre Clichy et Saint-Ouen, joindraient la gare a l'enceinte de Paris.

Et pour que chacune des deux parties de ce camp puisse être conservée, alors même que l'autre partie serait prise, le canal aurait un ou deux de ses ouvrages disposé en double tête de pont.

Enfin, deux ou trois forts fermés seraient placés au nord du camp, sur la hauteur qui domine à la fois ce camp et la ville de Saint-Denis. Ces forts, en barrant l'espace qui sépare le canal de la Seine, rendraient Saint-Denis et le camp indépendans l'un de l'autre ; de sorte que, suivant les succès de l'ennemi, le camp pourrait devenir la citadelle de Saint-Denis, ou Saint-Denis la citadelle du camp.

Le *camp de Belleville* (ou, par souvenir, de

Saint-Chaumont) se trouve pour ainsi dire déjà formé, au moyen du canal de l'Ourcq, des ouvrages de Pantin et du fort de Romainville : il suffit de rendre ces ouvrages plus résistans, et d'en élever quelques-uns sur la hauteur des Bruyères.

De ce camp, on domine à gauche la plaine de Saint-Denis; on domine à droite celle de Vincennes; et de front les routes qui arrivent du Nord et du Rhin. Il serait, entre les plaines de Seine et de Marne, ce que la Suisse est entre l'Allemagne et l'Italie.

Le *camp de Charonne* se trouve entre les hauteurs et la route de Saint-Mandé. Il serait couvert par les ouvrages des Bruyères et de L'Épine, ouvrages nécessaires, qui dans les meilleurs projets sont indiqués.

Le *camp de Vincennes* aurait à l'un de ses angles le château, dont la force vient d'être augmentée.

Il aurait à l'autre angle Charenton, qui, au confluent des deux rivières, a la même importance que Saint-Denis sur la Seine, et qui était regardé par Napoléon comme le lieu d'une place fortifiée. Peut-être serait-il bien de fermer Charenton sur les deux rives; mais au moins doit-il avoir deux têtes de ponts, afin d'avoir le passage assuré dans les trois angles.

La gauche du camp de Vincennes serait la route-parapet de Saint-Mandé, flanquée de un ou deux forts; son front serait quelques ouvrages dans le bois.

Et le bois serait en avant du camp de Vincennes, une première défense, qui elle-même est couverte par les ouvrages de la position dont nous allons parler.

En avant des camps de Belleville, de Charonne, de Vincennes, se trouve la *position* actuellement fortifiée, qui, bordant la chaîne des hauteurs, forme un vaste camp avancé : cette position deviendra meilleure encore lorsqu'elle sera soutenue par les camps en arrière; mais pour qu'elle puisse être défendue par la garde nationale, il faut que ses forts principaux aient leurs fossés approfondis, qu'il y ait dans les fossés des murs à créneaux, et qu'il y soit bâti quelques abris voûtés.

Sur la rive gauche de la Seine, de Charenton à la plaine de Grenelle, est une double position, que la Bièvre partage en deux camps : l'un renfermant *Ivry* et *Bicêtre*, l'autre renfermant *Montrouge* et *Vaugirard*, et peut-être Vanvres et Issy, ainsi qu'on le voit au plan par une ligne ponctuée.

Les ouvrages de ce côté n'ont pas besoin d'être aussi résistans que ceux de la rive du nord; mais ils sont nécessaires, car si l'on n'avait sur la rive méridionale que l'enceinte, l'ennemi, en passant la rivière, occuperait des hauteurs d'où Paris serait dominé.

Le bois de Boulogne, entouré d'un long circuit de la Seine, et de plusieurs ponts importans, doit être rendu défensif.

Le pourtour de ce vaste *camp de Boulogne*, les ponts, et quelques points de la rive gauche, ont besoin d'être occupés; ce qui, à cause des hauteurs dominantes, offrira aux études spéciales des ingénieurs quelques difficultés de détail à surmonter.

Disons maintenant un mot de la rivière, des autres cours d'eau, et des ponts.

CHAPITRE XX.

DE LA DÉFENSE DE PARIS PAR LES EAUX.

La défense de Paris, devant pouvoir être active, doit avoir une entière liberté de mouvemens, et par conséquent demeurer maîtresse des passages de rivières, passages d'une telle importance, que Napoléon, manœuvrant en 1814 autour de Paris, écrivait le 26 février : «Si j'avais » eu dix pontons, la guerre serait finie, l'armée » du prince de Schwartzenberg n'existerait plus.» Et le 2 mars : «Si j'avais eu un équipage de ponts, » l'armée de Blücher était perdue.»

L'importance des passages de rivière est d'ailleurs assez connue, et il suffit d'un regard sur la carte des environs de Paris, pour voir le rôle que les cours d'eau peuvent y jouer.

Si donc on élève autour de Paris des défenses pour garder les ponts : les ouvrages les moins étendus seront les meilleurs, car ils coûteront moins, ils exigeront moins de défenseurs, ils laisseront libres des terrains dont il convient d'éviter l'expropriation; et la petitesse de l'ouvrage n'empêchera nullement que le passage nous soit assuré.

Les ponts, il est vrai, sont dominés presque partout, soit par des hauteurs, soit par des habitations peu éloignées; mais lorsque l'ouvrage qui défendra le pont aura très peu d'étendue, il pourra être voûté, chargé de terre, et ne montrer aucune de ses murailles. Construit de la sorte il n'aura pas, il faut en convenir, la faculté de battre au loin, mais il suffit qu'il voie de près pour défendre le passage; et quant à tirer de loin, c'est ce que feront d'autres ouvrages, et n'est pas la mission d'une simple barrière fortifiée. D'ailleurs, il entre dans le système général de la défense que les principales hauteurs en avant des ponts soient occupées.

Les passages ainsi gardés ne suffisent pas : il faut aussi pouvoir manœuvrer sur les rivières, y conduire et y jeter des ponts de bateaux, ce qui exige un personnel exercé à ce service, et fait désirer qu'il soit établi dans la garde nationale parisienne (comme aussi dans celles de toutes les villes à grands cours d'eau) une ou plusieurs compagnies de pontonniers. Ni le personnel ni le matériel n'y manquent; ils y sont excellens;

et si on les avait eus organisés d'avance en 1814, ils eussent pu rendre des services de la plus haute utilité.

Et sur cette question des eaux, rappelons ici qu'un des plus économiques moyens de défense consiste dans les inondations artificielles. On s'en est déjà occupé pour Paris, et l'on pourra trouver encore quelques solutions avantageuses. Ainsi, par exemple, un ruisseau, celui de Montfort, remonte de Saint-Denis vers Bondi : ce ruisseau est parfaitement placé puisqu'il traverse la plaine d'attaque ; cependant il a trop peu d'eau, et ce ne sont pas les barrages qui en feront venir ; mais, qu'après avoir fait des barrages, on y fasse entrer les eaux du canal de l'Ourcq qui passe peu loin de la source, et voilà sept mille mètres de fortifications naturelles qui n'auront presque rien coûté (1).

Autre exemple : Le terrain de la défense en avant de Pantin est plus élevé que les eaux du

---

(1) Les eaux du canal de l'Ourcq ont, à peu près, 20 mètres d'élévation au-dessus du sol du village de Crèvecœur (village qui est à l'est de l'inondation de Saint-Denis) ; la distance du canal de l'Ourq à Crèvecœur, mesurée sur le ruisseau de Montfort, est de 6400 mètres ; chaque mètre de hauteur de barrage don-

canal de l'Ourcq; mais plus loin le terrain de l'attaque, entre Noisy-le-Sec, Bondi et le canal, se trouve plus bas que ces eaux; le canal peut donc fournir dans cette portion de la plaine une inondation artificielle qui éloignera beaucoup l'ennemi, et qui le forcera d'attaquer par les points les plus forts de nos positions.

Rappelons aussi que, sur l'une et l'autre rive de la Seine, on peut remplir d'eau une partie des fossés; et, ce qui est mieux encore, préparer des chasses d'eau dans les autres fossés, au moyen de réservoirs, faits ou à faire, dans les parties élevées, et auxquels pourraient servir les fossés de la fortification. Ces réservoirs seraient alimentés soit par les canaux, comme le bassin de la Villette, soit par les fontaines artésiennes, soit par les machines à feu. Outre leur grande utilité pour la défense, ils seraient utiles en tous temps comme force motrice, comme agent de nettoyage; et l'on sait combien, dans l'état actuel

---

nera donc, moyennement, une longueur d'inondation de plus de 300 mètres : ainsi, avec six à huit barrages de 2 à 4 mètres (dont les routes perpendiculaires au ruisseau fourniraient une partie du travail déjà fait), on aurait une inondation artificielle de plus de 7000 mètres entre le canal de l'Ourcq et Saint-Denis, c'est-à-dire sur presque toute la plaine d'attaque.

de l'art, on pourrait donner de puissance à ce triple moyen de défense, d'industrie et de salubrité.

Maintenant que nous avons vu, à peu près et sauf rectifications, quelles seraient les fortifications de Paris, voyons quelles peuvent être, soit pour ces fortifications, soit pour d'autres mieux conçues, les armes à employer pour la défense; car les armes ont leur part d'effet aussi bien que les masses matérielles qui par elles-mêmes n'arrêteraient rien.

En parlant des armes, de l'artillerie, et de leurs effets, j'espère commettre moins d'erreurs qu'en parlant de fortification.

CHAPITRE XXI.

NE PEUT-ON PAS RENDRE L'EMPLOI DU FUSIL PLUS PUISSANT POUR LA DÉFENSE?

Quand une place est grande, et que sa garnison est aguerrie, c'est par dehors qu'il faut la défendre, et par le fer plus que par le plomb. Les feux cependant, même dans la défense la plus active, ont aussi leur part; la part des coups de fusil n'y est pas moindre que celle des coups de canon; et le général Lariboissière disait un jour à l'Empereur ce mot judicieux : « C'est » avec le canon qu'on prend les places, mais » c'est avec le fusil qu'on les défend. » Il serait donc utile d'améliorer ce qui se fait maintenant avec le fusil pour la défense. Or, nous allons voir qu'il est à cet égard plusieurs améliorations considérables, dont rien de raisonnable ne saurait empêcher l'adoption.

1°. J'ai reconnu, après des expériences réitérées, que le fusil d'infanterie, au moyen d'un procédé infiniment simple, peut tirer à la fois quatre balles, non pas quatre balles de calibre inférieur peu à craindre, mais quatre balles qui, à quarante mètres, percent deux planches à la hauteur de leur point de départ, et qui par conséquent feront effet à beaucoup plus de cent mètres. J'ai reconnu également qu'au moyen du même procédé, le fusil de rempart peut lancer à la fois six à huit balles, qui à la distance de 50 mètres percent trois planches à la hauteur de leur point de départ, qui par conséquent feront effet à beaucoup plus de cent mètres; et comme au lieu de tirer le fusil de rempart à l'épaule, ainsi que je l'ai fait, on le fixera par son pivot, ce fusil pourra être tiré, sans crainte de recul, avec un effet plus grand encore. Ce moyen de quadrupler, à la distance convenable, l'effet du fusil ordinaire, et de décupler l'effet du fusil de rempart, conviendra au plus haut degré contre l'attaque de vive force.

Comme ce moyen pourra s'appliquer non-seulement à la défense des fortifications, mais encore à plusieurs cas de la guerre en rase campagne, par exemple, à recevoir une charge de cavalerie, je pense qu'il serait peu convenable de le publier ici (1).

---

(1) Il n'est jamais à espérer, je le sais bien, de con-

2°. Le fusil de rempart dont je viens de parler est une arme nouvelle, qui porte juste et loin, qui avec sa balle, double de celle d'infanterie, perce les gabions, et qui en détruisant les sapeurs, les canonniers, les travailleurs de l'ennemi, retardera beaucoup l'attaque. C'est avec ce fusil qu'un de nos sergens d'Alger fit, dans une seule affaire, tomber quinze arabes. Vauban conseillait fortement le fusil de rempart, avant que cette arme eût, à beaucoup près, sa grande valeur actuelle; valeur qui, d'après des expériences récentes, est encore sur le point d'augmenter. Or, lorsque sur les ouvrages de Paris il y en aura plusieurs milliers, et qu'ils seront placés entre d'habiles mains, l'approche de ces ouvrages ne sera certainement ni sans péril, ni sans difficulté (1).

---

server long-temps l'emploi exclusif de ces sortes d'avantages; mais quand l'épreuve est, comme dans ce cas-ci, de celles qu'on a pu faire en particulier, il est possible de s'en réserver l'initiative. J'ai donc fait particulièrement mes expériences avec un ami qui m'y a beaucoup aidé, et qui, ainsi que moi, gardera pour notre pays la connaissance de ce procédé, qui pourra être utile.

(1) Un moyen analogue, mais que je ne cite qu'en note parce qu'il n'est pas encore admis, c'est la nouvelle

3°. Avec la manière actuelle d'installer l'artillerie, le rempart prend des formes qui excluent le feu de l'infanterie; de sorte que quand le canon est absent ou démonté, une grande partie de la fortification devient à la fois inutile, et à l'infanterie et à l'artillerie. Or, cet état de choses peut cesser, et nous verrons, aux chapitres suivans et aux notes, qu'il est possible de disposer l'artillerie de manière à conserver, presque partout, la banquette de l'infanterie; autre moyen par conséquent d'augmenter la puissance des feux de mousqueterie.

4°. Enfin, une condition essentielle, c'est que nos feux ne soient pas éteints par l'assiégeant, comme ils le sont inévitablement sur tout rempart à ciel ouvert. Or, pour protéger nos feux, pour en conserver une bonne partie jusqu'au dernier moment malgré ceux de l'ennemi, nous avons réservé aux flancs casematés de notre enceinte, outre les embrasures pour le canon,

---

carabine dont on s'occupe, et qui sera principalement destinée aux francs-tireurs, institution nouvelle aussi, et qui conviendra si bien, en général à l'adresse française, et en particulier au zèle aussi actif qu'intelligent des défenseurs qui auront Paris à garder.

plus de deux mille crénaux d'où les fusils de rempart battront l'intérieur du chemin couvert et le fossé. Et de plus nous avons établi partout, aux forts extérieurs et à l'enceinte, d'innombrables crénaux dans tous les murs, au moyen desquels notre mousqueterie, tirant à couvert et projetant avec rapidité ses quadruples et décuples balles, rendra tout-à-fait impraticable l'abord des murs par les fossés.

CHAPITRE XXII.

QUELLE ARTILLERIE FAUT-IL POUR LA DEFENSE DE PARIS?

L'infanterie est la première arme, sans doute; mais son fusil porte à peine à 300 mètres, tandis que le canon porte à 3000; et alors même qu'on est rapproché, il y a tel coup de mitraille qui rend le canon décisif. Il faut donc du canon; mais quels canons? et combien?....

L'*artillerie de campagne* marche vite et tire vite; mais sa portée n'est pas étendue, sa mitraille n'est pas abondante, et il faut la placer ou sur des barbettes qui ne couvrent les canonniers que jusqu'aux genoux, ou derrière des embrasures qui sont difficiles à faire et promptement détruites.

La *grosse artillerie* porte loin, elle frappe fort; mais elle est lente à se mouvoir, lente à tirer, et une fois hors de combat il est rare qu'on puisse la bien rétablir.

On est donc réduit : ou (comme on le fait) à

employer à la fois pour la défense des places, l'artillerie de campagne et l'artillerie de siége, méthode bâtarde qui accouple deux inconvéniens; ou à établir une *artillerie spéciale pour la défense*, chose qui est encore à faire.

Je dis que c'est chose à faire, car si l'on a établi pour les places un affût spécial, on n'a pas fait de bouches à feu pour leur service, comme on en a fait pour les services de campagne, de montagne, de côte; on donne toujours à la défense les anciennes bouches à feu de siége; et cependant autre chose est de détruire, comme assiégeant, les remparts d'une forteresse, et autre chose de détruire, comme assiégé, les gabions et les hommes de l'assiégeant.

Aussi notre artillerie de place, n'ayant pas été faite pour sa destination, est bientôt détruite et ne détruit rien. Elle paralyse un capital énorme, dont la France perd depuis un siècle les intérêts. Et quand elle nous a laissé prendre une place, elle va ensuite entre les mains de l'ennemi nous en faire perdre une autre; car ce qui est difficile à la grosse artillerie dans l'attaque, ce n'est pas de triompher, c'est d'arriver (1).

---

(1) *Voir*, pour plus de détails sur la nécessité de réformer l'artillerie actuelle de la défense, ce qui est dit à

Une réforme étant donc nécessaire, j'avais présenté, il y a long-temps, quelques propositions, et elles avaient eu l'approbation de Napoléon, celle de Carnot, et celle de quelques autres encore. Mais comme il est dans la nature des choses (ou plutôt dans la nature des hommes) qu'un système qui veut en remplacer un autre, n'y arrive qu'à force de temps, je ne viens point proposer ma réforme pour l'armement de la capitale, et je ne présenterai pas ici ce qui, dans mon opinion, serait le plus convenable en soi; mais je me bornerai à dire ce qui me paraît avoir le plus d'avantage pour la défense, dans ce qui offre, dès à présent, la chance de n'être pas trop long-temps repoussé. Voici donc, à part les progrès ultérieurs de l'art, l'armement qu'il me paraîtrait raisonnable d'admettre.

On aurait un certain nombre de gros canons pour les grands effets et les grandes portées, et on aurait, comme réserve, pour manœuvrer rapidement, un certain nombre de pièces de campagne. Mais pour la plus grande partie de l'armement, pour le principal matériel généralement employé, on aurait le plus gros canon et

---

plusieurs des notes à la fin de cet ouvrage, et particulièrement à la note D.

le plus gros obusier de campagne, qui au lieu d'être montés sur leur affût ordinaire, recevraient un affût moins coûteux, moins bas que celui de campagne, et moins immobile que celui de place; affût qui se placerait à volonté, soit sur une plate-forme ayant même niveau que la banquette de l'infanterie, soit derrière des embrasures qui étant très peu profondes auraient peu d'inconvéniens.

Je pense qu'un tel armement réunirait l'avantage de la mobilité à celui d'éviter les embrasures trop profondes ou les barbettes trop hautes. Je pense que la condition d'avoir *un même sol pour l'artillerie et l'infanterie*, qui alors ne s'excluraient plus réciproquement, serait une innovation infiniment utile à la défense; et je pense que ces propositions, qui d'un autre côté sont économiques, pourraient s'appliquer, non-seulement à la défense de Paris, mais en général à la défense de toutes les places (1).

Quant à la *quantité* d'artillerie nécessaire : on ne saurait se régler sur les vieilles formules or-

(1) Voir, pour plus de détails sur l'affût proposé, et sur la manière d'installer l'artillerie de la défense, ce qui est dit à la note E.

dinaires, puisque Paris n'est pas une place ordinaire; et les faits analogues à la défense de Paris sont si différens entre eux, qu'ils ne sauraient ici servir de règle. Citons cependant les principaux.

Dans les grandes forteresses on a des bouches à feu par centaines; sur les côtes et dans la marine on en a par milliers.

Vauban en voulait 400 pour la fortification qu'il proposait autour de Paris.

Le prince de Ligne, en 1809, voulait, pour une position en avant de Vienne, 1500 canons des plus grands calibres.

Les Anglais en avaient, pour la défense de leur position devant Lisbonne, 628.

Napoléon, en 1815, avait fait venir à Paris 300 canons de marine, outre sa nombreuse artillerie de campagne, et dans ses Mémoires il parle de 1000.

La malheureuse Varsovie, en 1831, n'en avait, sur trois lieues d'étendue, que 218, et les Russes en concentrèrent 388.

Les Turcs, ou plutôt les Russes, viennent d'en installer aux Dardanelles 745.

Enfin, le projet du gouvernement pour Paris fait mention de 325 pièces au mur d'octroi, et 1200 aux forts détachés, outre les réserves et l'artillerie mobile des troupes.

Cette dernière évaluation ne me paraît pas exagérée; la défense de Paris vaut bien celle de nos grands ports où on en met autant; les bras zélés et intelligens n'y manqueraient pas; c'est par les ressources de l'art, plus que par des sacrifices d'hommes, qu'une capitale civilisée doit se défendre; et puisque l'ennemi nous attaquerait en concentrant plus de 600 bouches à feu, il faut pouvoir, sur tous les points, lui en opposer 1000.

Un armement de près de 2000 bouches à feu serait considérable, sans doute, et assez coûteux; mais la défense de Paris n'est point une chose du second ordre, et il n'est nullement exagéré de proposer pour les fortifications de Paris, autant d'artillerie qu'on en accorde à l'escadre la plus ordinaire.

Cet armement d'ailleurs ne causera qu'une dépense modérée, si au lieu d'y employer le bronze, qui coûte six fois plus que la fonte de fer, et qui résiste moins bien à la force actuelle de la poudre, on veut employer les bouches à feu en fer, ainsi que le conseillent, non pas de vaines ou de nouvelles théories, mais la pratique ancienne de notre artillerie de marine, et la pratique de presque toutes les nations, et la pratique de l'artillerie de terre elle-même, puisque, depuis long-temps et avant les améliorations considérables de cette espèce de bouches à feu, ce sont les canons en fer qui, sur nos côtes, sont presque seuls employés. Au surplus, sur cette question de l'artillerie en fer, qui est une question importante sous le rapport de l'économie, on peut voir ce qui est dit plus en détail aux notes. (*Voir* la note F.)

CHAPITRE XXIII.

D'UNE ARTILLERIE DÉFENSIVE PLUS PUISSANTE QUE L'ARTILLERIE ORDINAIRE.

La défense peut ajouter à l'artillerie ordinaire (et c'est chose commencée pour Paris) de nouvelles bouches à feu, dont nous allons indiquer exactement, par des chiffres, les effets *comparés* aux effets des bouches à feu ordinaires de l'artillerie.

Les canons actuels de campagne tirent, à des distances plus ou moins grandes, des boulets massifs de 8 et de 12 livres; et ils tirent, de 500 à 800 mètres, 41 balles en fer, de 5 et de 8 onces.

Les obusiers actuels de campagne (de forme allongée, nouveau système) tirent, à des distances à peu près égales aux précédentes, soit des projectiles creux à explosion des calibres de 24 et de 32, soit des masses de mitraille de 60 et de 70 balles semblables à celles des canons de 8 et de 12.

Enfin, les canons de siége et place de 24 tirent, beaucoup plus loin que ceux de campagne, leur boulet massif ou leur boulet creux; ils tirent à plus de 800 mètres 34 balles de 14 onces, et avec des balles plus petites ils en tireraient (mais moins loin) un plus grand nombre.

Telle est l'action de l'artillerie actuellement en usage.

Les bouches à feu nouvelles dont je vais parler, c'est-à-dire mes canons de 80 et de 150, ont été proposés en 1821 pour tirer les bombes droit au but, comme les boulets de canon. Les épreuves ont officiellement constaté qu'à des distances égales à la portée des grosses pièces ordinaires, ces canons à bombes peuvent, d'*un seul* coup, mettre en perdition un vaisseau de ligne; et comme ils peuvent servir aussi à la défense des places, j'ai proposé, en 1831, à M. le Ministre de la Guerre, de les essayer pour l'armement de Paris; il ordonna les essais; et ces essais, faits publiquement et réitérés avec soin, donnèrent les résultats que voici :

1°. On n'a pu à Vincennes, à cause du peu d'étendue du polygone, constater la grandeur des portées; mais, à Brest, le canon de 80 avait obtenu, tant pour le projectile massif pesant 80 livres, que pour le projectile à explosion, des portées de 4000 mètres.

2°. Quatre projectiles creux de 80 ayant fait leur explosion dans l'épaulement en terre d'une batterie de siége placée près de la butte de Vincennes, à 532 mètres du canon, ont mis cette batterie hors d'état de tirer ; et quand l'explosion du projectile avait lieu en l'air, les éclats étaient lancés à 300 mètres.

3°. Le tir à mitraille (objet principal de l'expérience relative à la défense de Paris) a lancé à 1200 mètres, c'est-à-dire au double de la portée de la mitraille de campagne, 160 balles de 8 onces; et à cette grande distance, plus de 40 balles, terme moyen, frappaient à chaque coup un panneau en planches égal au front d'un escadron de cavalerie.

4°. A 600 mètres, distance ordinaire du tir à mitraille, le canon de 80 a projeté, à chaque coup, une masse de 800 balles de 2 onces.

Mais il y a plus, et le canon à bombes du calibre de 150 que j'ai ensuite essayé en Belgique, ayant aussi bien réussi que le canon de 80 en France, ces effets de mitraille pourront s'accroître dans le rapport de 150 à 80.

Je ne dis pas cependant que le canon de 150 (qui a été fait plus particulièrement contre les vaisseaux) doive être admis pour la défense des places : la puissance de celui de 80 suffira.

Et, en effet, que fera l'assaillant en présence

d'ouvrages armés d'une telle espèce de bouches à feu ?

S'il déploie son artillerie à découvert, il faudra manœuvrer, hommes et chevaux, sous des coups de mitraille de 160 et de 800 balles.

S'il veut remuer de la terre pour se couvrir, il faudra, avant d'être couvert, ou mettre les travailleurs sous ce même feu, ou les éloigner à plus de 1200 mètres; ce qui doublant la distance ordinaire des attaques, doublerait la durée des travaux d'approche.

Ou bien, impatient des obstacles, l'assaillant voudra-t-il marcher sur nos pièces?... Mais faire traverser à des colonnes de troupes un espace de 1200 mètres sous un tel feu, n'est pas un acte ordinaire. Et d'ailleurs, où arriveraient-elles ? Dans nos fossés ? Mais nos fossés sont défendus par des casemates, où les mêmes bouches à feu concentreront les mêmes effets sur un espace très resserré.

On reproche à mes canons d'être énormes; mais celui de 80 a précisément le même poids qu'un canon ordinaire de 36; or, il y a 580 canons de 36 dans nos places, il y en a des milliers sur nos côtes : ce n'est donc pas un poids inusité dans l'artillerie.

On dit qu'ils ne tirent pas rapidement, et cela est vrai; mais un canon de 12 ne tire pas si rapidement qu'un canon de 4, et jamais on n'en a conclu qu'il fallût repousser les canons de 12 et se borner à ceux de 4.

Enfin, je dois convenir qu'il serait absurde de vouloir mettre partout mes canons ; mais peut-on dire qu'il serait parfaitement raisonnable de ne vouloir les admettre nulle part?

Je crois avoir donné ici assez, et peut-être trop de détails ; mais s'il y a des personnes qui en désirent davantage encore, elles en trouveront à la note G, à la fin de cet ouvrage.

Nota. Je cite ici, comme artillerie puissante pour la défense, les canons à bombes, et je ne cite pas le mortier qui lance les bombes de 1000 livres dont j'ai parlé au chap. VIII. C'est que ce mortier est un agent d'attaque beaucoup plus que de défense. Mais si le mortier de 1000 ne sert pas à la défense, ses projectiles pourront très bien y servir : car des bombes contenant 100 livres de poudre, étant placées sous terre, à l'extérieur des ouvrages, y seront d'excellentes fougasses, ou plutôt des mines, d'une exécution aussi facile et prompte pour nous, que redoutable pour l'ennemi.

CHAPITRE XXIV.

QUELLE GARNISON FAUDRAIT-IL EN CAS DE GUERRE A PARIS FORTIFIÉ ?

Le nombre des défenseurs nécessaires, en général, à la défense des fortifications, a été, à diverses époques, indiqué plutôt que fixé : par des formules qui s'accordent peu entre elles; par des théories qui ne sauraient être prouvées exactement; et par des usages qui, dans la pratique, varient selon les lieux, selon les ressources disponibles, et selon les systèmes de ceux qui ont l'autorité.

Ces formules d'ailleurs, ces théories, ces usages, fussent-ils aussi parfaitement fixés qu'ils le sont mal, ne sauraient s'appliquer à la défense de Paris, puisque la fortification de Paris, ni sa grandeur, ni la nature de l'attaque, ni les autres circonstances déterminantes, ne ressembleront à ce qui se voit dans les places fortes ordinaires.

Il est cependant quelques principes établis, quelques données d'expérience, quelques propositions déjà présentées par des hommes habiles, qui pourront ici nous servir de guide, et nous conduire au chiffre approximatif qu'il est nécessaire de poser.

Ainsi, par exemple : c'est un principe reconnu que plus une ville est considérable, et plus elle est, proportionnellement, en état de se défendre elle-même ; car les populations étant dans le rapport des surfaces, tandis que les fortifications sont dans le rapport des circonférences, la ville qui a quatre fois plus de fortification, contient seize fois plus d'habitans. A quoi il faut ajouter que les enceintes les plus grandes ont, sur chaque partie, moins de courbure ; ce qui diminue de beaucoup pour l'attaque son principal avantage, qui est d'envelopper la défense.

Et comme données d'expériences : on connaît le nombre d'hommes qui ont défendu quelques vastes camps retranchés ; on connaît la quantité de troupes nécessaire pour tenir une position selon son étendue, et selon les difficultés du site ; on connaît combien il y avait de garnison dans telles ou telles villes très grandes qui ont été attaquées.

Enfin, parmi les propositions qui ont été faites, Vauban voulait dans Paris (tel qu'il eût été selon son projet) vingt-cinq à trente mille hommes de l'armée; plus, huit à dix mille soldats levés dans Paris; et en outre, la garde parisienne. Napoléon disait : « Il faut avoir à Paris » trente ou quarante mille hommes, indépen» damment des gardes nationales. » Les partisans de l'enceinte sans forts demandent, pour la défense passive de cette enceinte, quarante mille hommes. M. le maréchal Soult veut occuper les dehors par cent cinquante à deux cent mille hommes de gardes nationales mobiles.

D'après un travail fait sur ces données : en les comparant entre elles; en les appliquant à l'étendue, à la forme, à l'importance des ouvrages et des lieux ; et en regardant la défense de Paris comme devant être à la fois passive et active, je pense :

1°. Que le nombre des gardes nationales nécessaires pour garder l'enceinte, et pour tenir les ouvrages extérieurs, dans le système que j'ai exposé, serait de soixante-dix à quatre-vingt mille hommes;

2° Qu'il serait convenable d'y ajouter au moins douze à quinze mille hommes de troupes de ligne ;

3°. Que, indépendamment de cette force, aucune situation ne saurait convenir mieux que les camps autour de Paris, à la formation d'une très grande réserve de bataillons de gardes nationales mobiles.

Et toute cette force réunie dans nos larges et fortes positions, non-seulement rendrait le siége impraticable; mais après s'être formée à la discipline, à l'emploi des armes, à la vie des camps, elle deviendrait, du moins en grande partie, capable de figurer en rase campagne; et l'armée alors la recevant sous ses drapeaux, tous ensemble viendraient au jour convenable se porter derrière l'ennemi pour tout terminer.

CHAPITRE XXV.

DE LA DÉPENSE; DE L'ORDRE SUCCESSIF DES TRAVAUX; ET DE L'EXÉCUTION PAR LES TROUPES.

Vauban avait demandé vingt-quatre millions, qui en feraient aujourd'hui quarante, et son dispositif était moins grand que celui je propose. La commission de 1819 estimait la dépense nécessaire à plus de soixante millions. Le système de l'enceinte sans forts demande quarante-six millions, et nous avons vu qu'il coûterait beaucoup plus. Le projet du gouvernement est porté à trente-cinq millions, outre cinq millions précédemment accordés, et nous avons vu qu'il faudrait davantage.

Le dispositif que je présente coûterait, d'après un devis très sincère, à peu près quarante-huit millions, c'est-à-dire plus de cinquante (1).

---

(1) Voir la note H.

La question de savoir s'il faut payer par l'impôt, ou par un emprunt, ou par une réduction de l'amortissement, est une question de finance qui ne change rien au chiffre de cinquante millions. Il est à observer, toutefois, que si une charge doit de préférence porter sur l'avenir, c'est celle qui a pour objet des constructions dont l'avenir doit profiter.

La dépense pourrait être répartie en huit ou dix années, selon les allocations du budjet. Et la considération du degré d'importance militaire des ouvrages ne serait pas la seule qui réglerait l'ordre successif des travaux : on aurait égard aussi à la convenance d'habituer l'opinion publique à la vue des fortifications ; de l'éclairer par la présence de la chose elle-même, qui parlera mieux que des discours; et dans cette vue on éleverait d'abord les ouvrages les plus éloignés de la ville, par exemple, Saint-Denis et Charenton; ce qui, d'ailleurs, a plutôt de l'avantage que de l'inconvénient sous le rapport militaire, puisque les points les plus éloignés de la ville sont ceux qui conservent à la défense une plus grande étendue, et ceux en même temps qui doivent être les premiers attaqués.

Une autre question, celle d'employer les troupes aux travaux, ne peut être évitée ici;

car, s'il y a des travaux publics auxquels on doive employer les troupes, ce sont évidemment ceux de fortification, surtout sous les yeux du gouvernement, où il sera plus facile de voir et de vaincre les difficultés.

Et ici ce n'est pas l'économie sur la dépense qui sera la seule considération : l'emploi des troupes n'en donnera pas sur l'achat des terrains, ni sur l'achat des matériaux, mais seulement sur les mouvemens de terre; or, ce travail ne sera que le quart, ou tout au plus le tiers de la dépense ; et comme avec les troupes il y aura des indemnités et des frais indispensables, l'économie n'ira pas fort au-delà de 15 p. 100. Mais, ce qui est une considération encore plus importante que l'économie elle-même : c'est de savoir ce qui résultera de cet essai pour l'instruction, la discipline et le bon esprit des troupes ; car, en cas de réussite, les bras si actifs de notre armée n'étant plus ôtés à la production, pourraient être laissés plus nombreux sous les drapeaux, et par ce moyen, on aurait résolu, relativement à la constitution de l'armée, plusieurs difficultés très graves.

Ceux qui, sur cette question de l'emploi des troupes, ne se bornent pas à dire que le succès est désirable, et qui affirment qu'il est infaillible et facile, citent les anciens, citent les étrangers, comme si les Français de l'époque actuelle ressemblaient aux étrangers ou aux anciens. Ils traitent de préjugés indignes d'attention les objections qui s'élèvent, comme s'il était possible, sans beaucoup d'attention, de surmonter les obstacles qu'élèvent les préjugés. Ce n'est pas ainsi qu'on arrive au but, et en désirant, autant que qui que ce soit, que cet essai puisse réussir, je pense qu'ici, comme partout où il y a de longues habitudes à vaincre, il faudra de la gradation, de la persuasion, de l'habileté.

Au reste, quels que soient le mode et l'économie dans l'exécution, ce sera toujours plus de quarante millions que coûtera la fortification de Paris; à quoi il faudra ajouter cinq à six millions pour l'armement.

Pour juger si c'est trop, comparons avec les dépenses de même nature qui se font sous nos yeux. Le budget du génie pour les trois dernières années seulement (1831, 1832, 1833) s'est élevé plus haut que ce qui sera nécessaire, *en dix ans*, pour fortifier Paris. Le budget de l'artillerie, pour ces trois mêmes années, s'est élevé (non compris le personnel) à 102 millions. En Angleterre, le budget de l'artillerie et du génie monte à 44 millions, non pas en dix ans, mais chaque année. En Belgique, la dépense des fortifications, de 1815 à 1827, a été de

160 millions. Et enfin, notre budget de la guerre s'est monté, pour les trois dernières années, à un milliard.

Qu'est-ce, après tout, que cinquante millions *en dix ans*, pour un monument indispensable à notre indépendance, si on les compare à ce que coûtent *en dix ans* nos moindres services publics? et surtout si on les compare à ce que coûterait à la France la prise de Paris!

Et d'ailleurs, quand Paris sera fortifié, quand par ce moyen nous ne serons plus exposés à des invasions menaçantes pour le cœur même de l'État : ne résultera-t-il pas de cette mesure une économie à la fois durable et très grande, par la nécessité devenue moins impérieuse d'entretenir toujours une forte armée?

Et non-seulement la guerre sera moins périlleuse, non-seulement la paix sera moins chère : mais encore les chances de paix s'affermiront de beaucoup; car il n'y a rien qui puisse mieux ôter aux étrangers l'idée de la guerre, que de substituer à ce qui était leur but et leur fin, un obstacle qui serait pour eux le commencement d'une immense difficulté.

CHAPITRE XXVI.

COMMENT PARIS FORTIFIÉ SERAIT DÉFENDU?

Entouré d'ouvrages défensifs, Paris voit arriver, après une ou deux batailles perdues à la frontière, 200 mille ennemis précédés de 600 pièces de canon : mais tout a été prévu, et tandis que notre armée va prendre ailleurs une position à la fois défensive et menaçante, nous avons dans Paris 30 mille hommes des gardes nationales de la ville, nous avons dans les camps extérieurs de nombreux bataillons, et en réserve 12 à 15 mille hommes de la ligne.

Une partie fait la garde, une partie travaille aux ouvrages défensifs, le surplus se repose ou s'exerce.

L'ennemi ne nous entourera pas; car, s'il disséminait ses troupes sur un cercle de 16 lieues, notre armée ne serait pas assez loin, ni notre garnison assez faible pour ne pas l'en faire aussitôt repentir.

Il ne passera pas non plus la rivière avec la masse entière de ses forces; car ce serait mettre Paris, et bientôt notre armée, entre ses communications et lui.

Maïs il s'établira au nord de Paris, et faisant des ponts, il répandra sa cavalerie sur les deux rives.

Dans cette situation, l'ennemi, pour éviter les lenteurs, essaiera d'abord, en concentrant sa nombreuse artillerie, de s'ouvrir un passage à travers nos premières fortifications; mais qu'arrivera-t-il?... A droite nous avons une position élevée d'où nos batteries domineront les siennes, et en arrière de cette position, nos camps fortifiés, puis l'enceinte. Au centre, nous avons des lignes d'inondations et d'ouvrages qui, en éloignant l'attaque, ne lui permettront l'approche que par des défilés. A gauche nous avons Saint-Denis, dont les fortifications solides et redoublées, n'auront rien à craindre d'une attaque de cette nature.

Supposons cependant qu'un très grand feu soit ouvert: l'ennemi n'a pas ici l'avantage d'être déployé sur une ligne enveloppante; car notre ceinture extérieure est si grande, que sa courbure, à peine sensible, nous donne partout un front égal au sien; et s'il est quelques points qu'il puisse battre d'une position développée, c'est là aussi qu'il rencontrera nos forts et nos batteries à doubles étages. De sorte que nous aurons partout la supériorité, ou au moins l'égalité numérique en artillerie; et nous aurons, en outre, l'avantage d'être les premiers établis, et de l'être derrière des parapets affermis par le temps; l'avantage d'avoir beaucoup d'affûts de place, avec lesquels on est mieux protégé que derrière des embrasures; et l'avantage surtout de mettre en action une proportion plus forte de bouches à feu de grands calibres, et de pouvoir prodiguer plus de munitions, puisqu'il nous aura été plus facile d'accumuler peu à peu ce lourd matériel dans Paris, qu'à l'ennemi de l'y faire arriver.

Or, cette supériorité de feux, non-seulement elle repoussera l'attaque d'artillerie, mais elle repoussera également toutes les autres attaques. Ainsi, par exemple, elle rendra impraticable aux colonnes ennemies l'abord brusqué d'une position armée de bouches à feu si nombreuses, qui, de si loin, lanceront des quintaux de mitraille. Et quant au siége en règle : comment d'abord ouvrir à découvert la tranchée devant des canons qui envoient 800 balles à 600 mètres, et 160 grosses balles à plus d'un quart de lieue?...

Mais ne nous arrêtons pas à ces détails; ne

nous occupons pas des chicanes d'un siége ordinaire; et voyons plus en grand ce qui doit arriver.... La défense ayant reconnu le côté de l'attaque, elle y fait venir des masses d'artillerie aussi puissantes que nombreuses; elle établit sur nos longues batteries 100 canons à bombes du calibre de 80, et 500 à 600 autres bouches à feu; elle établit derrière ces batteries un grand nombre de mortiers; et frappant sans relâche, elle ensevelit sous les projectiles les têtes de sape, sans lesquelles cependant l'assiégeant ne peut s'avancer.

Supposons toutefois qu'il chemine: la défense alors, cheminant aussi, élève sur chacun des deux flancs de l'attaque de triples et quadruples batteries, les unes derrière les autres, qui, appuyées sur nos ouvrages et fortement épaulées, enfilent par des feux courbes accablans toute l'étendue de ses travaux.

Un tel développement d'artillerie pourrait, au premier aperçu, paraître impraticable; mais est-il donc si difficile d'avoir à Paris deux mille bouches à feu en fer? La moindre flotte n'en porte-t-elle pas davantage? Et avec notre garnison de cent mille combattans, manquerons-nous de bras actifs et intelligens pour les employer?

Parlera-t-on d'opposer la mine à notre artillerie? Mais si l'ennemi descend sous terre, nous y descendrons aussi; et là, que fera-t-il contre les eaux? Que fera-t-il contre d'interminables chicanes? Et à quoi lui serviront dans des galeries de mine les deux cent mille hommes qui font sa supériorité?

Peut-être l'ennemi emploiera-t-il contre nous ces armes puissantes, par exemple ce mortier de 1000 dont les bombes ont une si redoutable action.... Mais d'abord nous avons bâti nos abris principaux de manière à pouvoir y résister. Et si, malgré nos précautions, deux ou trois forts extérieurs succombent, ces forts du moins ne sont qu'une partie secondaire de notre dispositif; nos grandes batteries et l'ensemble du système ne sont que partiellement atteints; aucune grande entrée n'est ouverte, et la défense peut se continuer.

Et d'ailleurs : en arrière de cette ceinture extérieure, l'ennemi, s'il vient à la percer, trouve encore avant d'arriver en présence de l'enceinte, un long espace à parcourir, où la défense aura pu se préparer pendant la période qui vient de finir; et où de droite et de gauche elle aura pour appui deux camps fortifiés. Or, comment s'avancer dans cet intérieur si hérissé d'obstacles, battu de tant de feux, et où ce sera l'assiégeant qui sera lui-même enveloppé?

Et tandis que poursuivant une si rude entreprise, l'ennemi s'affaiblit chaque jour loin de son territoire, notre armée au contraire se refait et s'agrandit; de sorte que le résultat des victoires de l'étranger à nos frontières n'est plus ici de venir dicter tout d'abord des lois à la France dans sa capitale ouverte, mais de rencontrer devant la capitale un obstacle dont il ne triomphera pas avant que toutes les forces de la France aient eu le temps de se réunir....

Lorsque la guerre est rendue si difficile, ne peut-on pas dire que la paix est assurée (1)?

---

(1) On trouvera ci-après, à la note J, l'indication de ce que je pense qu'il y aurait à faire à Paris, s'il survenait une guerre importante, avant qu'il y eût d'autres travaux faits que ceux de la position actuellement fortifiée.

CHAPITRE XXVII ET DERNIER.

PUISSANCE MILITAIRE ET SÉCURITÉ DE LA FRANCE LORSQUE PARIS SERA FORTIFIÉ.

Les étrangers, en 1814 et 1815, avaient contre nous un million de soldats, et ils en ont encore autant sous les armes. Ces armées immenses marchent, il est vrai, dans nos temps modernes, avec moins de cruauté que les anciennes invasions de barbares; mais elles n'en produisent que mieux l'asservissement des États envahis.

On veut leur opposer nos places frontières, et plusieurs de nos places ont, en effet, une grande valeur. Mais toutes les places de l'Europe ont-elles empêché la marche de Napoléon? Toutes nos places de Vauban ont-elles empêché les étrangers d'arriver deux fois à Paris? Et comment des places qu'on peut bloquer, arrêteraient-elles une armée manœuvrière de deux ou trois cent mille hommes?

Opposerons-nous à l'invasion une masse de soldats?.... Mais s'ils ne sont pas exercés, ils seront vaincus; et pour les avoir exercés, il faudra entretenir une armée qui nous ruinera. D'ailleurs, la sûreté d'un grand empire ne doit pas dépendre du bonheur d'une seule bataille, d'un seul général, d'une seule journée.

Que faut-il donc désormais pour assurer la défense du territoire ?

Il faut trois choses ; trois choses puissantes et indispensables, qu'il appartient à l'époque actuelle de constituer.

La première, c'est une armée qui, sans trop coûter habituellement, ait une réserve convenablement organisée.

La seconde, c'est la fortification de la capitale.

Et la troisième, c'est l'établissement, sur chacune des trois ou quatre lignes principales d'invasion, d'une grande position fortifiée.

Ce n'est pas ici le lieu de dire ce que doit être l'organisation de la réserve; ni de décrire la forme et l'emplacement d'une position fortifiée (1). Mais supposons que le système des ré-

---

(1) Sans parler de la réserve de l'armée, question très grave, je dirai ici, sur les positions fortifiées, que je m'en suis occupé il y a quelques années, dans un ouvrage intitulé : *Force et Faiblesse militaires de la France;* et que ma pensée principale, relativement aux positions stratégiques à fortifier, est celle-ci : prendre une place forte convenablement située (ou même deux si

serves est établi; que Paris est fortifié; et que, Lyon étant achevé, il y ait en outre seulement deux camps bien préparés, l'un vers les Vosges, l'autre vers le Nord; et nous allons voir que, dans cette nouvelle situation militaire, la France pourra se livrer à ses travaux intérieurs, à son industrie, à ses progrès, avec une telle sécurité, qu'elle n'aura pas même à s'informer si l'Europe veut la paix ou la guerre.

Et en effet, si étant ainsi préparés, la guerre arrive : nos réserves remplissent aussitôt les cadres de l'armée active; et nos bataillons mobiles des premiers bans de la garde nationale, après avoir remplacé les troupes de ligne dans les forte-

---

elles sont voisines), lier cette place par quelques ouvrages avec les obstacles naturels du lieu, rivières, montagnes, inondations, etc. ; faire du tout ensemble un camp assez étendu pour ne pouvoir pas être bloqué, assez fort pour ne pouvoir pas être enlevé sans préparatifs, et assez pourvu d'armemens, d'approvisionnemens, etc., pour y organiser, y exercer, y aguerrir nos bataillons de gardes nationales mobiles. Ce qui est dit dans les chapitres qui précèdent celui-ci, d'une enceinte plus ou moins vaste, plus ou moins légère, entourée de camps fortifiés plus ou moins étendus, et indépendans les uns des autres, s'appliquerait (sauf la diminution de dépense proportionnée à l'importance moindre) au dispositif d'une position fortifiée.

resses (1), viennent à Paris, à Lyon, et dans nos camps des Vosges et du Nord, former des masses qui, sans être immédiatement en état de manœuvrer en rase campagne, gardent les points stratégiques du premier ordre, et deviennent bientôt, sous le régime des camps, une solide et immense armée.

Notre armée de ligne, alors, n'ayant plus à s'occuper ni de Paris ni de nos principales positions, n'est pas obligée de risquer la bataille que veut l'agresseur; et jusqu'à ce qu'il lui convienne à elle-même de provoquer un choc décisif : elle dispute chaque défilé, chaque rivière; elle retarde l'ennemi; et chaque pas qu'il veut faire elle le lui fait chèrement payer.

---

(1) Je ne parle point, dans ce chapitre, du rôle des forteresses; j'en ai parlé dans l'ouvrage précédemment cité. Je dirai seulement ici : Que nos grandes forteresses sont ou nécessaires ou utiles. Que les petites n'ont en général qu'une utilité secondaire. Qu'il faut distinguer les forteresses qui ont besoin d'être en état de résister à un siége, de celles qui n'ont besoin de résister qu'à une attaque de vive force. Que toutes doivent désormais être disposées de manière à pouvoir être défendues par la garde nationale. Et qu'il est devenu indispensable d'établir ce qui, eu égard à ces places, conciliera l'économie et la véritable utilité.

S'avance-t-il pour entreprendre l'attaque de la capitale fortifiée, en laissant derrière lui un camp de deux cents bataillons, et nos forteresses, et nos populations de dix départemens (1)?..... Laissons-le venir : la guerre en sera plus tôt terminée.

Veut-il, au contraire, avant de marcher sur Paris, enlever d'abord celui de nos camps fortifiés qui menacerait par derrière son invasion?... Il y trouve 150,000 hommes retranchés; et non pas retranchés derrière quelques ouvrages étroits ou faibles; mais dans un vaste camp dont la fortification d'une de nos fortes places du Nord, ou de Belfort, ou de Lyon, sera la citadelle; dans un dispositif où les forêts, les montagnes, les eaux, seront combinées avec les obstacles de l'art, obstacles que le zèle de nos ingénieurs, et les bras innombrables de la garde nationale auront rendus inabordables. Et

---

(1) Les populations, et même la garde nationale (sauf les bataillons d'hommes choisis), n'ont pas en général la faculté de résister à l'ennemi *face à face* en rase campagne; mais *derrière son armée*, quand il s'avance, et sur ses communications, ses convois, ses relations avec son pays et ses ressources, la puissance de la garde garde nationale sera très grande, et elle pourra rendre là des services de la plus décisive utilité.

ce n'est pas seulement ces deux cents bataillons, et ces retranchemens, que l'ennemi rencontrera, ce sera encore notre armée de ligne elle-même, dont le camp viendra s'appuyer à cette grande position.

Dans l'attaque de ce puissant dispositif: que l'ennemi travaille, s'il le veut, à nous enlever quelques ouvrages à une lieue du camp principal; qu'il achète par de grands sacrifices quelques portions extérieures plus ou moins considérables de notre position; nous n'en conservons pas moins les ouvrages principaux qui ne peuvent être réduits que par un long siége. S'il entreprend un tel siége, et s'il l'achève, nous n'en demeurons pas moins campés dans les parties de la position qui sont indépendantes de la portion qu'il a ruinée. Or, comment aura-t-il assez de munitions, assez d'artillerie, assez de vivres pour mener à terme une si forte entreprise? Combien de fois n'aura-t-il pas prêté le flanc à nos troupes qui surveilleront ses moindres fautes? Enfin n'est-il pas alors retenu loin du centre de notre territoire, tandis que d'un bout à l'autre de la France, tout s'émeut et se met en marche pour venir l'accabler?

Et ce ne seront pas seulement quelques dépôts marchant par lentes étapes qui viendront se réunir près du point attaqué : ce seront les masses de nos ressources militaires ; masses qui (avec les communications perfectionnées que sans doute nous aurons bientôt) seront mises en mouvement avec une vitesse accélérée. Or cette rapidité qui, sur certains points, ne demandera plus qu'une heure pour un jour de marche, fera que partout où l'ennemi sera arrêté ou retardé par quelque obstacle, il verra bientôt se grossir *autour de lui* une force qui ne sera rien moins que la France entière armée.

Et si arrivant de plusieurs côtés, ainsi qu'il y est obligé par la nature des choses, l'ennemi est entré, par exemple, sur la frontière des Alpes et sur celle du Rhin, un grand corps d'élite alors, au moyen de nos communications rapides, est porté sur l'une des deux invasions pour aider à en finir de ce côté; et aussitôt, renforcé des troupes devenues moins utiles sur ce point, il se retourne, et arrive sur l'autre invasion presque aussitôt que le bruit de sa victoire.

Il ne faut pas, j'en conviens, se faire trop d'illusions sur la prochaine exécution de nos chemins de fer, ni sur la possibilité de leur application à la totalité du territoire; et, pour peu qu'on ait réfléchi sur cette question, on sait que des constructions aussi coûteuses ne peuvent avoir lieu que là où se trouve une agglomération considérable de richesses et de population; mais enfin il y en aura sur beaucoup de parties de la France, et l'amélioration générale de nos moyens de transports est une chose qui chaque jour se verra réalisée.

Et au moyen de ces communications plus rapides et meilleures, nos munitions et tout le matériel de nos armées manœuvreront aussi, comme si tous les arsenaux, tous les ateliers, tous les bras industrieux de la France, n'étaient tous ensemble qu'un seul arsenal concentré. Or, cette considération est du premier ordre pour qui sait comment se fait la guerre; et c'est cela qui, en 1814, faisait dire à Napoléon : « Si à Leipsick j'avais » eu le soir trente mille coups de canon, je se» rais aujourd'hui le maître du monde. »

Mais pour mieux voir encore comment la France peut se défendre, jetons un regard au-delà de nos frontières.

Quelle influence, par exemple, n'aura pas, pour la défense de notre territoire, l'alliance, ou au moins la neutralité de la Suisse, qui maintenant est entrée dans notre système politique? La Suisse, placée entre le Rhin et les Alpes, est un obstacle qui brise en deux parties la marche des forces de nos ennemis; elle est une muraille de granit qui couvre le côté vulnérable de nos frontières; et le changement politique survenu en Suisse depuis notre révolution de 1830 donne cent fois plus à la France que la démolition de Huningue n'a pu lui ôter.

Quelle influence plus grande encore n'aura pas la Belgique! Et, par exemple, le chemin de fer (or celui-ci se fera) qui réunissant en peu d'heures de Paris à Anvers, de la Seine à l'Escaut, les forces françaises et les forces belges, produira cet effet immense et nouveau : d'avoir dans ces deux grandes positions de Paris et d'Anvers comme un seul camp, dont les fossés seront la Meuse et le Rhin, avec toutes leurs forteresses comme ouvrages avancés?

Et dans cette situation politique (désormais probable) où l'Angleterre ne nous sera plus hostile : quelle autre défense encore que celle de notre marine portant nos forces derrière l'invasion de l'ennemi? Que deviendra, par exemple, l'armée d'Autriche en-deçà des Alpes, lorsque nos vaisseaux débarqueront les troupes françaises en Italie? Que deviendra l'invasion par le Nord, lorsque Brest et Cherbourg enverront en Hollande ou seulement près d'Anvers une vive diversion? Et enfin, si on nous y forçait, si on osait vouloir nous asservir, n'avons-nous pas un drapeau qui partout où nous le planterons nous fera sortir de terre une armée?

Laissons toutefois ces aventureux mouvemens, et revenons à la défense de notre sol, sur le sol même, défense qui ne doit pas reposer sur des éventualités extérieures, et qui, avant tout, doit être solidement constituée.

Supposons donc maintenant que dans la lutte à la frontière, dont nous avons parlé plus haut, l'ennemi a été le plus fort, et qu'enfin notre position défensive a été détruite. Cette position, du moins, a long-temps préservé l'intérieur du territoire; elle nous a donné du temps; et comme alors la capitale est en défense, une lutte nouvelle est encore à commencer: lutte plus redoutable que la première, puisqu'elle est loin des ressources de l'ennemi, et qu'elle ne commence qu'après l'épuisement de ses troupes, l'épuisement de ses finances, et l'épuisement du bon accord qui rarement est très durable entre tant d'alliés.

Or, c'est Paris qui est le centre nécessaire de toute cette action défensive, et le foyer qui peut l'animer. C'est à Paris que se trouve le pouvoir public, l'influence, le crédit, l'unité. C'est à Paris qu'on peut trouver dans la population, dans la richesse et l'industrie, ces vastes ressources, qui ailleurs ne pourraient être réunies que lentement. C'est Paris qui, en 1792, au commencement de nos guerres, a imprimé le mouvement défensif; et c'est son inaction qui, en 1814 et 1815, a tout paralysé.

Paris est donc, sous le point de vue militaire, comme sous le point de vue politique, le cœur de la France, et pour que le bras soit libre d'agir, il faut que le cœur soit cuirassé.

Or, si vous supprimez, si vous refusez les fortifications de Paris, toute cette puissance défensive disparaît; et nos places frontières sont éludées par l'occupation de la capitale; et l'action de notre armée est enchaînée par la nécessité de couvrir Paris; et la faiblesse militaire du siége du gouvernement donne à l'intrigue des partis l'appui des étrangers; et vous ne pouvez plus assurer l'indépendance nationale, qu'en ruinant vos finances pour l'entretien perpétuel d'une forte armée.

Ce serait donc être les ennemis de nos finances, les ennemis de notre indépendance, et les alliés de nos ennemis, que de s'opposer à l'exécution d'une mesure que Vauban, et Napoléon, et les hommes les plus instruits de toutes les opinions, et les événemens les plus réitérés et les plus graves s'accordent tous ensemble à réclamer.

NOTES.

NOTES.

AVERTISSEMENT.

Les notes qui vont suivre offriront les détails, les chiffres, et les propositions spéciales qui, si elles eussent été fondues dans le texte, l'eussent rendu plus fastidieux encore pour la plupart des lecteurs.

Peut-être eût-il fallu, outre ces notes, publier aussi des dessins. Si je ne l'ai pas fait, ce n'est nullement que j'aie omis le soin de m'en occuper, et il le fallait bien pour établir les calculs de déblais et remblais, calculs que j'ai faits et refaits, malgré l'extrême patience qu'ils exigent. Mais si j'eusse publié ces dessins, ces dimensions précises, c'eût été presque annoncer la prétention de faire admettre mes plans sans modifications, prétention que je suis loin d'avoir : sachant très bien que si quelques-unes de mes idées sont admises, il appartient aux ingénieurs de les améliorer, et de leur donner, selon les circonstances du terrain, et avec l'expérience qu'ils ont de leur art, les formes définitives et les dimensions les plus convenables. Je me suis donc borné à publier le plan d'*ensemble* qu'on voit plus loin, plan qui était indispensable pour l'intelligence du dispositif général que je propose, et qui lui-même aura probablement besoin d'être plus ou moins modifié.

Une partie de mes notes roulera sur des questions d'artillerie qui se rapportent d'une manière générale à la défense à venir d'une place quelconque, mais qui, presque toutes cependant, trouveraient leur plus importante application dans l'armement de Paris : armement qui fait partie nécessaire d'une étude sur la défense de la capitale, et dont il était dans les devoirs de ma position de m'occuper particulièrement.

NOTE A.

Sur la Fortification de l'enceinte à établir autour de Paris, et sur le choix entre les tours et les bastions.

Il y a deux tracés admissibles : les grands bastions ordinaires, ainsi que le proposent les partisans de l'enceinte sans forts ; et les tours, ou bastions très courts, ainsi que le proposait Vauban, et que le propose le Comité des fortifications, pour le mur d'octroi. Dans chacun de ces deux systèmes il y a plusieurs solutions.

Avec le système des tours, ou avec le système des bastions, ou avec un système quelconque d'enceinte, quel qu'il soit : il faudra toujours, au-delà de l'enceinte, des ouvrages extérieurs qui seront coûteux. On ne peut donc, pour aucun système d'enceinte, admettre un mur d'escarpe constitué de manière à causer, à lui seul, une dépense de 27 à 28 millions ; et par conséquent, dans tous les cas, il faut que le gros mur d'escarpe portant les terres du parapet soit remplacé par le moyen que proposait le Comité du génie (30 novembre 1830) pour les forts extérieurs, c'est-à-dire par un mur isolé des terres, obstacle qui peut arrêter toute attaque de vive force, surtout si l'on y pratique des flancs casematés ; or, c'est la résistance à l'attaque de vive force qui est ici le but qu'on se propose.

Cependant, pour faire mieux : au lieu de donner à ce

mur détaché seulement 4 mètres de hauteur, comme le Comité du génie le proposait en 1830 pour les forts, ou 6 mètres, comme il le propose pour le mur d'octroi, donnons-lui 7 à 8 mètres sur les points où il est détaché des terres ; et 10 mètres quand c'est un revêtement portant le parapet. 7 mètres et même 4 seront un grand obstacle à l'escalade, quand il n'y aura pas derrière ce mur des constructions qui en facilitent la descente après l'avoir monté ; et comme le glacis couvrira ce mur qui aura 10 mètres dans certaines parties, le mur, là où il sera moins haut que 10 mètres, dans le même fossé, en sera d'autant mieux défilé contre les projectiles ennemis. Le mur isolé aurait du côté de l'intérieur une banquette suffisamment large, et des créneaux dont la partie inférieure serait percée pour le passage des obus et des bombes. Cette principale donnée étant établie, voyons maintenant quel serait le front dans les deux systèmes, et s'il conviendrait de choisir les tours ou les bastions.

§ Ier. — *Front bastionné.* Ce front aurait les dimensions d'usage. Cependant, comme il faut prendre le moins de terrain possible, nous pourrons (ayant, outre les flancs à ciel ouvert, des flancs casematés) faire le flanc moins long ; ce qui, avec l'avantage du moindre terrain, offrira celui de mieux refuser les faces aux enfilades du ricochet. Mais une difficulté particulière se trouve ici : nous nous sommes imposé la condition de permettre de bâtir à 100 mètres du glacis ; or avec des maisons si voisines le défilement sera plus difficile : cependant il suffira d'une pente au douzième, ou tout au plus au dixième, et cette pente ne relevera pas outre mesure le flanc du bastion vers l'épaule ; quant aux faces, on les diviserait (et le chemin couvert également) par des traverses en trois ou quatre parties, dont chacune aurait son défilement particulier, disposition qui écarte la difficulté, et qui même offre l'avantage de dérober de deux manières le rempart au ricochet: d'abord à cause de sa pente plus grande, et ensuite à cause de la direction de la ligne couvrante qui, s'élevant davantage vers le saillant, se retirerait d'autant plus dans l'intérieur. Si un défilement un peu raide paraissait incommode, on ferait pour l'emplacement de chaque bouche à feu une plate-forme horizontale, avec ressaut sur la plate-forme voisine. Un défilement aussi raide exposerait aux coups de revers dans un petite place, mais dans une enceinte où les fronts seront en ligne presque droite, cet inconvénient n'a pas lieu. Sous les principales traverses on voûterait des abris. Sous le flanc à ciel ouvert, ou en avant de ce flanc, il y aurait un flanc casematé. Le mur isolé aurait par derrière une banquette. Pour défiler cette banquette, on éleverait sur chaque face du bastion quelques murs ou contre-forts perpendiculaires à la ligne d'escarpe, et placés aux distances résultantes de la condition de défilement. Ces contre-forts relieraient d'ailleurs l'escarpe au massif du rempart. Ils seraient percés de passages pour la circulation.

§ II. — *Front à tours.* Pour l'enceinte à tours, voici, d'après les écrits de Vauban, d'après les propositions du Comité du génie, etc., comment je pense qu'elle pourrait être construite. Le front aurait environ 270 mètres, afin d'avoir la ligne de défense ordinaire de 250 mètres. La tour serait un bastion dont les flancs auraient la longueur nécessaire pour 3 ou 4 canons à ciel ouvert, et dont les deux faces n'auraient ensemble, intérieurement, que 18 à 20 mètres, dont 12 à 13 pour la longueur des pièces des deux flancs, et 6 à 8 pour la largeur, soit d'une pièce au saillant, soit d'une traverse. Sous le flanc à ciel ouvert, ou en avant de ce flanc, serait un flanc casematé pour plusieurs bouches à feu, avec soupente au-dessus des pièces pour des fusiliers. Dans le terre-plein de la tour, de fortes voûtes à l'épreuve, plus ou moins, suivant l'importance du front. Le surplus comme au front bastionné (1).

§ III. — *Choix à faire entre les bastions et les tours.*

Le prix de l'enceinte avec tours serait d'environ 25 millions; celui de l'enceinte avec bastions, serait un peu moindre : cependant je préfère le système des tours, non pas seulement par respect pour Vauban qui le voulait, mais par les motifs qu'on va juger.

Avec les bastions, même les plus aplatis, il faut pour établir la fortification acquérir une zone de terrain de plus de 120 mètres de largeur, tandis qu'avec les tours il n'en faut pas 100; et autour de Paris cette différence n'est pas à négliger.

---

(1) Sur les fronts peu exposés à l'artillerie ennemie, on pourrait, par économie, remplacer le parapet en terre par un parapet en maçonnerie. Ce serait alors, à peu près, le petit bastion proposé au projet du gouvernement pour le mur d'octroi; mais avec cette différence très grande, qu'en dessous de l'ouvrage à ciel ouvert, se trouverait l'ouvrage casematé : or, celui-ci est le principal; c'est même le seul sur qui la défense puisse réellement compter. La suppression, sur ce point, du parapet en terre réduit de beaucoup l'étendue de la tour et celle des fortes escarpes, qui sont une des dépenses les plus considérables.

Avec les bastions, les deux tiers de la fortification (les faces) sont plus ou moins enfilés par le ricochet. Avec les tours au contraire tout est courtine, et (sauf la partie à ciel ouvert des flancs, qui est ricochable dans tous les systèmes imaginables) nous n'avons plus à craindre que les seuls feux directs.

Avec les bastions, les fronts étant plus longs, et par conséquent moins nombreux, le terrain extérieur et les glacis ne se trouvent battus latéralement que par les flancs de 80 à 85 fronts. Avec les tours, il y aurait 110 à 115 fronts dont les flancs battraient le même terrain : or, cette différence est essentielle ici, où il n'y a pas de demi-lunes pour flanquer les approches de la fortification.

Avec les bastions, nous aurons pour battre le fossé de toute l'enceinte, 480 à 510 canons casematés. Avec les tours, nous en aurons 650 à 700, et des créneaux de flancs à proportion.

Avec les bastions (chaque face n'étant battue que d'un seul flanc, et les courtines étant seules battues des deux flancs), on a seulement le tiers de l'enceinte, dont les fossés sont battus par des feux croisés. Avec les tours on en a les six septièmes, ce qui, contre l'attaque de vive force est très important.

Enfin, le rempart avec tours est plus simple : de la tour on aperçoit tout, on rassemble tout, et chacun y voit son poste, sans avoir besoin d'aucune connaissance en fortifications.

Vauban avait donc raison de vouloir des tours ; et ce sont aussi des tours que le Comité du génie et le gouvernement proposent de placer sur le mur d'octroi.

Les tours, que je préfère, ne sont donc pas un système,

elles sont seulement des dimensions, un tracé, d'après les motifs qu'on vient de voir; et en outre elles sont conseillées par les deux plus grandes autorités qui puissent commander la confiance dans une question de cette nature : Vauban et le Comité des fortifications.

NOTE B.

Sur la fortification des ouvrages extérieurs qui formeraient les camps en avant de Paris.

Les camps fortifiés en avant de l'enceinte seraient, comme nous l'avons vu, formés par une ceinture d'ouvrages extérieurs, ou forts, plus ou moins éloignés de l'enceinte.

La distance d'un fort à l'autre étant de 500 à 600 mètres : chaque fort, outre ses propres feux, sera défendu par les feux croisés des deux forts de sa droite, et des deux forts de sa gauche, c'est-à-dire par les feux de quatre forts, puisque les deuxièmes ne seront éloignés que de 1000 ou 1200 mètres.

Cependant, pour que chaque fort se défende suffisamment par lui-même, et indépendamment de la protection de ses voisins, voici, avec plus de détails qu'il n'en a été donné au texte, comment ces forts seraient constitués.

Chaque fort aurait cinq fronts : deux vers la campagne, deux vers les forts voisins ; le cinquième (fortifié autrement que les autres) fermerait le côté de la ville.

On aurait deux fronts du côté de la campagne : afin d'avoir plus d'artillerie sur l'attaque ; et afin de former un angle qui soit *flanqué* par les grandes batteries formant courtines, et par les forts voisins.

La longueur de chacun des cinq fronts, et les angles que ces fronts feraient entre eux, varieraient selon l'importance du fort, et selon la forme du terrain extérieur à battre. Les fronts pourraient avoir un côté extérieur de 50 à 200, et même à 240 mètres : suivant qu'ils seraient latéraux ou tournés vers la campagne, et suivant qu'ils appartiendraient à un fort de troisième, de seconde ou de première importance, sans réduit ou avec réduit.

Le parapet aurait sa crête élevée de 3,50 à 5,00 mètres au-dessus du sol, selon l'importance du lieu et les conditions du défilement. Le réduit des forts de première classe aurait le commandement convenable, eu égard à l'étage inférieur qui lui servirait d'enveloppe.

L'épaisseur du parapet serait de 6 mètres, au moins, sur les points attaquables. On pourrait, par économie, réduire cette épaisseur sur les autres points; et au front de la gorge elle n'aurait que la dimension indispensable contre le canon de campagne.

L'escarpe des forts aurait, au moins, les dimensions prescrites par le Comité du génie (décembre 1830), c'est-à-dire 4 mètres de hauteur et 0^m,65 à 0^m,70 d'épaisseur. Elle serait détachée des terres, crénelée, avec une banquette, et avec des contre-forts perpendiculaires à sa direction, pour servir de traverses aux défenseurs partout où l'exigerait le défilement. Les créneaux auraient à leur partie inférieure une ouverture circulaire pour le passage des obus et des bombes. Cette escarpe aurait plus de hauteur, plus d'épaisseur, aux forts plus importans; et au réduit des forts de première classe elle serait un revêtement casematé, avec embrasures, portant le parapet, et semblable (sauf les dimensions horizontales) à l'excellent réduit des forts projetés par le gouvernement.

Sur les fronts qui auraient trop peu de longueur pour être bastionnés, le parapet serait en ligne droite; mais, dans tous les cas, le mur détaché aurait son flanquement dans sa propre construction, soit en bastionnant ce mur, soit en mettant à chaque angle une tour, ou petit bastion à courtes faces; ces flancs du mur auraient des créneaux, de sorte que *le fossé serait vu partout*, et l'on a pu voir, au chapitre sur la mousqueterie, que le feu du fusil de rempart, ou du simple fusil d'infanterie, peut, quand on est de près, comme ici, offrir une défense de fossé considérable.

C'est une chose qui me paraît n'être pas sans intérêt, que de donner ainsi des flancs à une escarpe, alors même que le parapet ne peut pas être lui-même bastionné.

Le fossé, réglé d'après la condition du remblai, aurait une profondeur suffisante pour que la muraille soit défilée.

Le glacis aurait la hauteur et la pente nécessaires pour être bien vu, et quand sa crête s'éleverait à hauteur d'homme, on réserverait un chemin couvert, ce qui donnerait, même pour l'artillerie, un double étage de feu, qu'il est important de se procurer.

Dans les casemates du réduit des forts de première classe, et dans celles très petites, mais très utiles, qu'il serait facile d'établir aux flancs des escarpes, ces embrasures seraient faites de manière à plonger avec le canon dans le fossé, et aussi à tirer sous des angles élevés avec les obusiers; ceux-ci pouvant, surtout dans l'attaque pied à pied, donner des feux courbes, abrités, d'un excellent effet, quand les feux à ciel ouvert sont faibles ou éteints. Les casemates des flancs ne fussent-elles que de simples petits arceaux pour couvrir quelques fusiliers et quelques munitions, elles auraient encore une grande utilité.

Dans chaque fort, il y aurait au moins une ou deux traverses voûtées, qui, outre leur utilité pour le défilement, serviraient encore de logement, de magasin et d'abri.

Les voûtes auraient la portée réduite, l'épaisseur augmentée, la surcharge de matériaux résistans, etc., proportionnés, suivant l'importance du fort, à la probabilité d'être en butte aux bombes de fortes dimensions.

Les traverses ordinaires seraient partout établies à l'avance, afin d'être affermies au moment de la défense, et de n'avoir alors besoin que d'être retaillées.

La gorge de chaque fort, afin de pouvoir (si elle était occupée par une force ennemie) être battue du côté de la ville, ne serait pas couverte par l'enveloppe et le glacis qui couvriraient les quatre autres fronts, et elle serait accessible, afin que le fort puisse, le cas l'exigeant, être facilement mis en ruine de ce côté par la grosse artillerie. On sait qu'un canon à bombes de 80, sous l'angle très rasant de 3°, porte à 1700 mètres son boulet massif de 80 livres; il porte ce même énorme boulet à 2000 mètres, sous l'angle de 5°; donc, une ou deux batteries de ces canons auraient bientôt réduit le fort. Les emplacemens ne manqueraient pas à ces batteries; elles pourraient même, quelquefois, être établies sur les courtines détachées, élevées de 50 à 100 mètres en arrière des forts.

A chacun des flancs du front du côté de la ville, il y aurait au moins un emplacement à canon (qui pourrait être voûté), afin d'avoir des feux croisés sur la zone en arrière des forts; ces feux de revers empêcheraient l'approche des batteries servant de courtine; et quand un ouvrage a des feux de revers, l'ennemi ne peut s'avancer sans l'avoir pris.

Ceux des forts qui seraient placés sur des lignes perpendiculaires à l'enceinte (pour diviser en plusieurs camps la zone extérieure) n'auraient pas besoin d'avoir cinq fronts, quatre suffiraient; celui du côté de la ceinture extérieure serait fortement constitué, afin de résister quand ceux en avant se trouveraient pris, et afin de détruire alors ces forts précédens. La gorge serait semblable à celle des autres forts.

Une espèce de caponnière, formée par le prolongement des glacis des forts établis pour séparer les camps, pourra donner entre ces forts (et par conséquent entre la ville et la ceinture des forts extérieurs) une communication toujours à nous, et qui fournira une première ligne de feux sur l'intérieur des camps, où l'ennemi ne pourra s'avancer qu'après avoir pris, des deux côtés, la suite entière de ces forts.

Quant à l'emplacement de chaque fort, il est bien entendu que ce qui est indiqué sur le plan gravé n'est qu'une désignation d'ensemble, très générale et un peu vague.

Les emplacemens, en effet, ainsi que les dimensions principales de chaque fort, ont besoin d'être étudiés sur les lieux mêmes, puisque la moindre translation en avant ou en arrière, à droite ou à gauche, peut donner ou ôter à tout ouvrage de fortification une valeur très considérable, à cause des relations de cet ouvrage avec le sol et avec les ouvrages voisins.

C'est l'étude sur place des pentes plus ou moins vues du terrain, des sinuosités plus ou moins prononcées des cours d'eau, des points plus ou moins dominans du terrain où l'attaque pourra s'établir, qui déterminera l'emplacement de chaque fort.

Et c'est la situation plus ou moins exposée aux attaques principales, qui déterminera, pour chacun de ces forts, sa grandeur et son profil plus ou moins fortement constitués.

NOTE C.

Sur les batteries à établir entre les forts, pour enceindre les camps fortifiés en avant de Paris.

A nos forts, considérés comme bastions des camps fortifiés, nous donnons pour courtines des batteries.

Ces batteries, afin de laisser de *larges passages libres,* et afin aussi de former comme une seconde ligne en arrière de la ligne des forts, seraient placées au fond de la zone de 100 mètres qui, d'après ce que nous avons dit au texte, resterait découverte derrière les forts.

Cette distance de 100 mètres est très convenable pour défendre l'approche des forts, et elle permettrait de croiser les feux des batteries sur leurs capitales.

Outre l'avantage de couvrir l'intérieur de nos camps et de donner à notre artillerie des emplacemens nombreux et bien situés, ces batteries offriraient encore celui de montrer immédiatement aux défenseurs leur place, et surtout celui de fournir à l'artillerie des plates-formes en terrain raffermi; ce qui, pour un feu soutenu, est tout autre chose que de s'établir sur des terres nouvellement remuées.

Dans les situations les moins importantes, le profil d'une courtine ou batterie serait un simple parapet en terre, plus ou moins élevé dans ses diverses parties, suivant les vues à prendre, et suivant le relief des deux forts latéraux.

En avant du parapet de la batterie : un fossé qui, du côté de la campagne, offrirait des talus, des rampes, des degrés pour sortir, même en bataille, à volonté.

Dans les intervalles entre les forts importans, c'est-à-dire sur les points où il doit y avoir à soutenir des luttes sérieuses, on ferait deux rangs de batteries.

Celle du premier rang n'aurait que la hauteur indispensable pour couvrir les canonniers.

Celle du second rang aurait un commandement élevé par-dessus la première, de manière à pouvoir tirer simultanément.

Pour économiser le terrain, et pour faciliter le feu simultané des deux étages de la batterie, le terre-plein qui séparerait les deux épaulemens n'aurait que le *minimum* de la largeur nécessaire.

En général, la grosse artillerie serait établie sur l'étage élevé, et la batterie au niveau du sol recevrait les pièces mobiles.

Dans les intervalles entre les forts disposés en colonne pour séparer les camps les uns des autres, la batterie pourrait être à double face, pour tirer des deux côtés, et elle formerait ainsi une caponnière donnant des communications bien couvertes.

Le tracé de ces batteries pourrait être : ou droit, ou à redan, ou bastionné avec des flancs peu longs, selon les circonstances du terrain.

A chaque extrémité, l'épaulement se retirerait vers l'intérieur, pour flanquer les approches des batteries voisines, ainsi que la gorge du fort, et pour battre, au besoin, le fort lui-même.

On pourrait ouvrir au milieu de chaque batterie un ou deux passages pour avoir des sorties de plus, et l'on couvrirait ces passages d'un épaulement ou d'un redan qui flanquerait très bien les forts.

La dépense d'une batterie à double étage, de 500 mètres de long, serait d'environ 100,000 fr.; la batterie simple coûterait 40,000 fr.; achat du terrain compris.

Il faudrait 12 à 15 batteries à double étage. Elles n'auraient pas besoin d'avoir toutes 500 mètres de longueur.

La dépense de toutes ces batteries ensemble serait assez considérable ; mais il se fait en fortifications peu de dépenses qui soient mieux justifiées par leur utilité défensive ; et, en effet, une batterie à double étage porterait plus de 150 bouches à feu non ricochables ; or l'attaque d'un seul fort mettrait l'ennemi en présence de 3 ou 4 batteries ; et par conséquent, au moyen de ces batteries, nous serions en mesure de mettre en action 500 à 600 bouches à feu, indépendamment de celles des forts, disposition qui serait d'un effet décisif.

Ce qui vient d'être dit des batteries à établir entre les forts, se dirait également (proportions gardées) des batteries à établir entre les ouvrages dont se compose la position fortifiée entre Seine et Marne, position qui sera bien plus défensive encore quand elle aura son pourtour en partie bordé par ces courtines, qui n'empêcheront pas la circulation à l'extérieur, et surtout quand la fortification de nos camps aura derrière elle une excellente retraite assurée.

On me permettra de citer ici, afin de prouver que je me suis occupé depuis long-temps de ces questions, ce que j'écrivais en 1829 à ce sujet : « Sur les points importans

» d'une position fortifiée (disais-je alors) quel ne serait » pas l'effet d'une batterie de canons à bombes, dont » chaque bouche à feu lancerait d'un seul coup 150 li- » vres de mitraille ! Quel effet que celui de leurs boulets » et de leurs obus, labourant au loin les approches ! et » combien la dépense de ces batteries ne serait-elle pas » proportionnellement inférieure au résultat défensif » qu'on en obtiendrait ! » (*Force et faiblesse militaires de la France*, page 404.)

NOTE D.

Sur la nécessité de modifier l'artillerie qui sert actuellement à la défense des fortifications.

L'artillerie actuelle de la défense doit être modifiée dans l'ensemble de son système, comme l'ont été à diverses époques l'artillerie de campagne, celle des côtes, celle de marine, celle de montagne, chacune suivant les spécialités de sa destination. Voici les motifs principaux qui le font penser.

Les *canons de grands calibres* sont indispensables pour l'attaque des places, puisque l'attaque doit battre des parapets solides et de fortes murailles; mais ils sont loin d'être également nécessaires à la défense contre les hommes ou les gabions de l'assiégeant. Ces gros canons coûtent cher; ils consomment beaucoup de poudre; ils ne peuvent tirer que lentement; ils exigent que beaucoup d'hommes fonctionnent sous le feu de l'ennemi, et ils manquent de la mobilité, qui est une des plus importantes conditions auxquelles doit satisfaire l'artillerie pour une bonne défense. Il faut sans doute à une place quelques gros canons pour tirer fort et pour tirer loin; mais ces lourdes machines, si coûteuses et si peu maniables, ne doivent pas être l'agent principal de la défense, ainsi que les armemens anciens et actuels semblent dire qu'on l'a toujours pensé.

Les *canons de petits calibres*, s'ils ont les dimensions usitées pour les places, ont trop de poids, et causent trop d'embarras, comparativement au faible effet que peut produire leur petit projectile ; et si ce sont des pièces de campagne, ces pièces ont des affûts trop coûteux, qui, à cause de leur peu d'élévation, ne peuvent être employés que derrière des embrasures, ou sur des barbettes, dont on connaît les nombreux inconvéniens.

Les *obusiers* qui, en général, réunissent la mobilité des pièces de campagne aux grands effets des pièces de siége, conviendraient fort à la défense ; mais les obusiers courts, encore employés et refaits à neuf pour le plus gros calibre, ont moins de portée que les obusiers longs, moins de justesse, moins de choc. Ces obusiers courts ne pouvant être chargés qu'avec le bras, ne vont pas sur les affûts de place ; et sur leurs propres affûts ils n'entrent pas dans les embrasures : il y a donc aussi quelque chose à faire sur les obusiers pour la défense.

Les *mortiers* d'une place peuvent être abrités contre l'assiégeant, tandis que l'assiégeant ne peut, dans ses tranchées et batteries, s'abriter contre le feu de la place. Aussi Vauban avait-il conseillé d'avoir en mortiers et pierriers tout une moitié de l'artillerie défensive. Cependant ces bouches à feu n'entrent pas pour un sixième dans nos armemens ; et, d'un autre côté, la fortification n'a pas encore (malgré les conseils de Vauban) introduit les abris nécessaires au bon service des mortiers.

Huit à dix mille bouches à feu *en bronze*, regardées

comme nécessaires à l'armement de nos places, font un capital de 50 à 60 millions, dont l'intérêt annuel est de 3 millions, sans compter la somme vraiment énorme de cet intérêt cumulé depuis plus d'un siècle. La même quantité d'artillerie en fer n'exigerait pas un capital de 10 millions. Or, s'il a été raisonnable de rejeter les pièces en fer tant qu'elles ont été d'une qualité douteuse, le serait-il de continuer à les rejeter, aujourd'hui qu'on sait en faire qui résistent parfaitement.

. . . .

Les *boulets* massifs sont nécessaires à l'assiégeant contre des murs ; mais pour l'assiégé, qui tire contre des terres, les boulets creux sont préférables. Et cependant l'approvisionnement de notre artillerie de place se fait toujours, en grande partie, en boulets massifs. De plus, les très gros projectiles creux, qui aujourd'hui, au moyen des canons à bombes, peuvent se tirer horizontalement comme les boulets de canon, ne sont point une chose indifférente relativement à la défense des places. Il est donc indispensable d'admettre les projectiles creux, et les bouches à feu qui tirent de plein fouet les très gros, en plus forte proportion qu'on ne l'a fait jusqu'à présent dans la défense.

Et ces mêmes bouches à feu à gros projectiles creux, ces canons à bombes, tirent très loin de très grandes masses de mitraille, contre lesquelles on ne voit pas comment la tranchée pourrait s'ouvrir par des travailleurs découverts. Il y a donc encore ici une innovation évidemment applicable à l'artillerie de place.

Nos *affûts de place* étant élevés jouissent de plusieurs

avantages considérables ; mais étant peu mobiles, ils sont bientôt détruits par la pourriture, par la rouille, et par les feux de l'assiégeant. D'un autre côté nos affûts de siége et de bataille, employés aussi dans les places, ont, il est vrai, de la mobilité ; mais, n'étant pas élevés, ils exigent des barbettes ou des embrasures, dont les inconvéniens sont infinis. Enfin, on a senti partout le besoin d'avoir des casemates pour l'artillerie ; on en construit dans les fortifications ; et nous n'avons pas d'affûts de casemates. Notre système d'affûts est donc imparfait pour la défense.

Nos places reçoivent au moins dix à douze espèces ou calibres de bouches à feu, affûts et projectiles ; cependant la défense n'a besoin de produire que trois à quatre effets réellement différens ; or cette complication est coûteuse ; elle est embarrassante ; elle cache une absence de réflexion sous une fausse apparence de savoir ; et quelquefois elle est cause qu'avec vingt bouches à feu et dix mille projectiles on peut n'avoir pas un seul coup à tirer.

L'installation de l'artillerie, ainsi que nous l'avons vu au texte, n'est nullement coordonnée avec le service de l'infanterie, de sorte que chacune des deux armes est exclue par l'autre. Et cependant, les convenances de chacune des deux auraient pu se calculer d'après une même base, qui est la hauteur de l'homme. Il y a donc un changement à faire à ce sujet : changement d'une importance considérable, qui peut, je crois, s'opérer par des moyens peu difficiles.

Avec notre vieux système d'employer l'artillerie de

siége à la défense des places, il arrive que l'ennemi, en nous prenant une place, y trouve à peu près ce qu'il lui faut pour en assiéger d'autres ; ce qui, en lui évitant les convois lourds et lointains, le débarrasse d'un obstacle qui l'aurait retardé dix fois plus que tous les efforts de notre artillerie.

Il serait bien facile d'étendre cette critique; de prouver combien elle est fondée; de l'appuyer sur des événemens qui la justifieraient ; de faire voir à quoi il a pu tenir que les améliorations désirables, et l'on pourrait dire indispensables, ne soient pas encore faites ; mais ce qui vient d'être dit suffira, je pense, pour faire voir que notre système d'artillerie défensive a un véritable besoin d'être étudié, revu et reconstitué.

NOTE E.

Sur une bouche à feu, un affût, et une manière d'installer l'artillerie pour la défense des fortifications.

Nous avons vu précédemment qu'il faudrait des bouches à feu spéciales pour la défense des places. Celle qui, selon moi, y conviendrait principalement, qui devrait composer la plus grande partie de l'armement de Paris, et qui, soit à Paris, soit ailleurs, remplacerait avec avantage une grande partie des gros canons, des canons de petits calibres, des canons de bataille et des obusiers, serait un canon-obusier, ou obusier allongé, en fer, du calibre de 24 ou de 6 pouces, pesant de 2 à 3 mille livres.

Nous avons vu, au texte, qu'à défaut de bouches à feu spéciales, et pour se servir de celles existantes, on aurait une bonne défense avec les canons de campagne de 12 et les obusiers longs de 6 pouces (ajoutés à quelques gros canons et à quelques pièces mobiles), en montant ce canon de 12 et cet obusier de 6 sur un affût à la fois élevé et roulant, qui très souvent serait placé sur des plates-formes ayant même niveau que la banquette de l'infanterie.

Cette condition d'avoir pour les barbettes et pour une partie des autres emplacemens de l'artillerie, un sol de même niveau que la banquette de l'infanterie, me paraît offrir, tant à l'infanterie qu'à l'artillerie, des avantages si considérables pour la défense, que je ne désespère pas de voir donner quelque attention à la proposition que j'en ai faite, et que je réitère ici.

Pour satisfaire à cette condition, il faut un affût dimensionné *ad hoc;* et comme, d'un autre côté, il faut un affût de place, qui coûte moins que l'affût de place ou les affûts de campagne actuels, qui soit moins bas que l'affût de campagne; et qui soit plus mobile que celui de place : voici celui que je propose d'essayer.

On prendrait le système de l'affût actuel, mais ayant de moins son grand châssis; ayant de plus quelques ferrures pour l'attache des agrès de transport et de manœuvre; et ayant, avec les dimensions relatives au canon de 12 et à l'obusier de 6 pouces (qui n'exigent que le même affût), celles relatives à la condition de tirer derrière un parapet de $1^{m},35$, qui est la hauteur de la banquette d'infanterie. On pourrait donner à cet affût des roues moins coûteuses et moins hautes que celles de l'affût de place; et l'on pourrait, dans plusieurs cas, lui donner une poutrelle directrice, ou plutôt un simple madrier directeur, afin de conserver la direction du tir de nuit.

Que cet affût soit en bois, ou en fer, c'est une question que je n'examine pas ici, et dont la solution dépendra de ce qui sera décidé généralement pour tous les affûts.

Une autre amélioration qui (sinon sur tous les points de la fortification, du moins sur quelques-uns) augmenterait, pour ainsi dire, le nombre des bouches à feu, en agrandissant les facultés de chacune, serait celle-ci : Au lieu de mettre la pièce derrière un parapet en ligne droite, on la mettrait dans un angle de 135° (c'est-à-dire derrière trois angles de 45°, au lieu de quatre). De cette manière, chaque pièce découvre une étendue de terrain plus grande, dans le rapport de 3 à 2, et par conséquent, avec un même nombre de bouches à feu, chaque point du dehors, qui est battu par deux pièces, le serait par trois. De cette manière aussi, le flanquement des parties latérales gagnerait beaucoup, et (chose que les fortificateurs apprécieront) des pièces placées convenablement sur les deux faces d'un ouvrage pourraient croiser leurs feux sur la capitale de ce même ouvrage.

Une application de cette dernière idée se fera naturellement, et utilement, à l'épaule des bastions; l'angle de cette épaule n'est pas exactement de 135°, mais tel qu'il est, la pièce qu'on y établira, sur affût de place, battra depuis le pied de l'escarpe du bastion opposé jusqu'au prolongement du flanc lui-même; de sorte que deux pièces placées ainsi, aux deux épaules d'un front sans demi-lune, embrasseront et croiseront de leurs feux une très grande étendue. Avec l'angle exact de 135°, c'est mieux encore. Si l'on prend plus de 135°, la pièce ne couvre plus assez le parapet; si l'on prend moins, on ne bat plus toute l'étendue qu'il est possible de battre. Pour croiser les feux de deux faces sur la capitale, il faut que le parapet de la face soit l'un des côtés de l'angle de 135°, et qu'on fasse un bout de parapet, ou traverse en retour, pour former l'autre côté de cet angle. J'ai exécuté cette construction sur le terrain; mais il suffit de la règle et du compas pour la vérifier. Il y a quelques circonstances où la condition du défilement ne permet pas de jouir complètement des avantages de cette manière d'installer l'artillerie ; mais presque toujours, et presque partout, elle peut très utilement s'appliquer.

Il eût été facile de donner des détails bien plus développés sur les objets dont parle cette note ; mais ces détails ne sont nullement nécessaires pour les personnes qui ont l'intention d'améliorer, et ils seraient plus inutiles encore pour celles qui n'ont pas cette intention.

NOTE F.

Sur l'artillerie en fer substituée à celle en bronze, et en général sur l'emploi du fer, pour la défense des fortifications.

Je ne dis rien de la question de remplacer, *en général,* toutes les bouches à feu en bronze par des bouches à feu en fer ; je parle seulement du cas particulier de l'artillerie des places.

Une bouche à feu en bronze coûte six fois autant qu'une bouche à feu en fonte de fer de même calibre. Nous manquons, pour faire le bronze, des métaux nécessaires, qu'il faut faire venir de l'étranger ; et d'ailleurs les grosses pièces en bronze ne résistent plus à la force actuelle de la poudre ; il faudrait donc admettre les bouches à feu en fer.

Et combien cette question n'est-elle pas importante, quand on songe qu'une valeur de 40 à 50 millions dort depuis Louis XIV dans nos forteresses ; que 100 fr., à intérêts composés, depuis un siècle, en feraient aujourd'hui 13,000, et que par conséquent les 40 à 50 millions auraient produit un capital dont on n'ose dire le chiffre, capital qui existerait répandu dans la richesse générale du pays !

Mais on craint que les bouches à feu en fer n'éclatent au milieu des hommes qui les emploient ; et l'on craint que la rouille venant à les détériorer, on n'en soit privé au moment du besoin.

Le danger du peu de résistance existait en effet avec les anciennes bouches à feu en fer, et de funestes accidens sont cités. Mais les pièces en fer d'aujourd'hui ne ressemblent nullement à celles d'autrefois ; et ce sont deux choses devenues tellement différentes, qu'aucun raisonnement qui confondrait les anciennes pièces et les pièces nouvelles, ne peut être admis.

Voici un exemple de l'énorme résistance qu'on obtient aujourd'hui d'une bouche à feu en fonte de fer. Lorsque je fis, à Brest, en 1823, les premiers essais de mes canons à bombes, un de ces canons, fondu à Indret, avait reçu les dimensions nécessaires pour lancer un projectile creux pesant 55 livres, en chargeant la pièce de 6 à 10 livres de poudre. Pour s'assurer de la solidité de la nouvelle bouche à feu, on la chargea trois fois de suite, non pas avec un seul projectile creux pesant 55 livres, mais avec deux projectiles massifs pesant ensemble 160 livres, non pas avec la charge de 6 à 10 livres de poudre, mais avec la charge de 20 livres ; et comme ce canon résistait fort bien, on recommença trois fois à lancer 160 livres de projectiles, on employa 26 livres de poudre, et cette excessive épreuve réussit parfaitement.

On pourrait citer d'autres exemples non moins concluans ; et l'on pourrait citer aussi des opinions nombreuses qui ont droit de faire autorité ; mais à quoi bon prouver les perfectionnemens qu'ont reçus toutes les fabrications en fonte de fer ? ces perfectionnemens ne sont-ils pas une chose de notoriété?

On peut dire, il est vrai : Oui, ce canon était bon

d'abord, mais la rouille le rongera peu à peu; et en effet, sous ce rapport, le fer vaut moins que le bronze; mais peut-on dire que la rouille agira avec plus d'activité dans nos places que dans l'air humide et salin des vaisseaux ou des batteries de côte? Or, dans les vaisseaux, et dans les batteries de côte, les bouches à feu sont en fer. Sera-t-il donc plus difficile d'entretenir dans nos places huit mille bouches à feu, que d'y entretenir un million de fusils, qu'on empêche bien de s'y rouiller?

Enfin, si les objections contre l'artillerie en fer sont fondées, notre marine et toutes les marines du monde sont donc bien déraisonnables, car toutes emploient des canons en fer? Et cependant, sur les vaisseaux, on tire à très fortes charges, tandis que dans les places on ne tire qu'à charges très faibles; et sur les vaisseaux, les canons sont accumulés au milieu des hommes accumulés eux-mêmes, tandis que dans les places les canons ne sont qu'en petit nombre, au milieu d'un petit nombre d'hommes, et avec des traverses en terre placées entre eux sur le rempart.

Elles seraient donc bien déraisonnables aussi, ces artilleries étrangères qui emploient les canons de fer, non-seulement à l'armement des places, mais encore aux équipages de siéges et aux batteries de campagne?

Peut-être dira-t-on que le fer étranger vaut mieux que le nôtre, ou que les étrangers sont plus habiles à l'employer. Mais il n'en est rien : c'est en France que se font les excellentes pièces actuelles de la marine française; c'est à l'usine française d'Indret qu'ont été faits les canons à bombes qui ont été si rudement éprouvés; et des expériences authentiques, incontestables, officielles, ont plusieurs fois démontré que sous ce rapport nos usines de France n'ont rien à envier aux usines étrangères.

Supposons cependant que la marine française et toutes les autres ont eu tort; supposons que toutes les artilleries étrangères qui ont admis les canons de fer ont eu tort; supposons que nous avons raison, seuls contre tous, dans notre artillerie française de terre, de refuser d'admettre les canons de fer sur les remparts des places. Mais alors il faut donc, à moins d'être d'une inconséquence évidente, remplacer par des pièces en bronze les milliers de bouches à feu en fer que nous employons sur nos côtes.

Il y a plus, non-seulement les canons en fonte de fer sont aussi bons que ceux en bronze, mais maintenant ils sont meilleurs. Et en effet, les gros canons de bronze ne résistent aujourd'hui que très mal; la force actuelle de la poudre les détruit promptement; les exemples, à cet égard, sont fréquens; ils se renouvellent à toutes les occasions; au siége de la citadelle d'Anvers, ils viennent encore de se reproduire, et un observateur dit positivement, dans la relation de ce dernier siége : « Les bouches à feu en fer ont eu une » durée bien plus grande que celles en bronze (1). »

Au reste, le gouvernement et l'artillerie sont maintenant occupés de cette question. Des dispositions ont été prises pour faire des expériences qui sans doute seront déterminantes; et tout porte à espérer que bientôt ce changement si désirable pourra se réaliser.

---

(1) *Zeitchrift autrichien*, cahier n° 7, 1833; et *Spectateur militaire français*, février 1834.

Mais quel que soit le sort des expériences qu'on doit faire, et alors même que cette résolution serait encore ajournée, il faudra bien, tôt ou tard, qu'on se décide à admettre pour l'armement des places un certain nombre d'obusiers longs, qui seront la meilleure artillerie de la défense; or, rien n'empêchera de faire cette nouvelle artillerie défensive en fonte de fer, et de la construire avec des dimensions qui, eu égard à sa faible charge, donneront toute la sécurité désirable.

Et comme ces obusiers, de même que toutes les bouches à feu en fer, si on les admet, coûteront peu, on pourra (outre les précautions conservatrices adoptées dans la marine) en avoir dans l'armement un sixième ou un cinquième en plus, afin de remplacer les pièces qui succomberaient dans les épreuves auxquelles on les soumettrait toutes, quand l'occasion approcherait de les employer.

Une autre question se présente ici, celle des *affûts en fer*. Depuis long-temps on s'en est occupé. Jadis on en employait. Le général Éblé, le colonel Laurent, et d'autres, en ont proposé de nouveaux. J'en ai autrefois proposé, et essayé un modèle pour le service des côtes. Maintenant des essais nouveaux viennent d'être faits, dont les résultats paraissent être dignes d'attention; et peut-être que, sous un gouvernement ami des progrès, on ne laissera pas cette question non résolue, comme précédemment on en a laissé tant d'autres.

Les affûts en fer ont (comme toutes choses) plusieurs inconvéniens; mais ils auraient aussi, en les faisant bien, des avantages considérables.

Cette question des *affûts en fer*, toutefois, n'est pas aussi avancée, aussi mûre, aussi arrivée au point de sa solution définitive, que celle des *bouches à feu en fer*; car pour celles-ci ce ne sont pas seulement quelques expériences faites avec succès qu'on peut invoquer, c'est la pratique elle-même, c'est l'usage partout répandu, c'est la masse irrésistible des faits anciens, et des progrès nouveaux, et des opinions presque généralement adoptées.

Autre question encore relativement au fer. J'avais, dans un ouvrage antérieur (*Force et Faiblesse militaires de la France*), parlé de l'emploi du fer appliqué à la fortification elle-même, c'est-à-dire à quelques-unes de ses parties, comme armures des casemates, etc. Si je ne parle point ici de cet objet, ce n'est pas que je pense qu'on doive ne plus s'en occuper : je crois, au contraire, qu'il n'est pas indigne d'attention.

Des expériences ont été faites en Angleterre, après la publication de mon ouvrage, sur l'emploi du fer en barre opposé à l'action des gros projectiles; ces expériences, dont les résultats m'ont été communiqués, ont prouvé ce que j'avais pressenti (d'après une expérience moins considérable que j'avais été à portée de faire, et dont j'avais publié le résultat dans l'ouvrage qui vient d'être cité), c'est-à-dire que le fer en barre n'aurait pas la résistance convenable; mais aucune expérience n'a infirmé celle que j'ai faite sur un bloc de fonte de fer.

Or, ce ne serait point une chose de peu d'utilité dans la défense, qu'une armure en blocs de fonte de fer, qui serait placée sur la partie vue d'une casemate; car, de cette manière, on battrait l'ennemi sans s'inquiéter d'être soi-même battu.

Et cet emploi d'une chose coûteuse, même avec des dimensions assez fortes, n'entraînerait nullement les dépenses qu'on pourrait d'abord craindre, quand on n'y a pas réfléchi; car (ainsi que je l'ai proposé), la portion vue d'une casemate peut être réduite à une étendue infiniment peu considérable, et l'on arrive, à cet égard, à un *minimum* tout-à-fait admissible dans la pratique, en plaçant la voûte très près de la bouche à feu, et en plaçant la bouche à feu sur un affût très haut; ce qui ne laisse plus exposé aux vues du dehors que le sommet seulement de la voûte, dont une partie peut être couverte par les terres du parapet, et l'embrasure de la bouche à feu; or cette embrasure, en employant les moyens indiqués par Montalembert, peut elle-même être réduite à une ouverture d'une étendue très peu considérable; de telle sorte qu'en totalité l'armure en fer, en la faisant même très épaisse, n'aurait qu'un poids très admissible.

Et, d'un autre côté, cette armure en blocs de fonte de fer pourrait probablement être transportable, par portions; ne se placer que sur les fronts que l'assiégeant se déciderait à attaquer; par conséquent n'être nécessaire qu'en très petit nombre; et comme on en mettrait seulement dans quelques places très importantes, la dépense totale rentrerait dans les chiffres auxquels on est depuis long-temps habitué.

Or, combien serait grande l'utilité, dans nos places principales, et en particulier dans les ouvrages les plus importans de la fortification de Paris, d'avoir, pour la défense par la garde nationale, une vingtaine de canons à bombes qui lanceraient des quintaux de mitraille, et qui seraient abrités sous des casemates dont la partie vue, étant cuirassée de fonte de fer, repousserait tous les projectiles que l'ennemi pourrait tirer, et d'où l'on exécuterait ces feux redoutables, sans pouvoir être atteint soi-même que par une embrasure qui serait à peine visible du dehors.

Je ne dirai rien de plus ici à ce sujet : c'est une chose qui est à peine commencée, qu'il serait bon de suivre et de finir, mais sur laquelle je ne fais aucune proposition nouvelle dans cet ouvrage, ne voulant pas compliquer, par des questions non encore mûres, la grande question de la fortification de Paris.

NOTE G.

Sur les canons à bombes, la mitraille et les obusiers.

Le canon à bombes diffère de l'obusier en ce qu'il s'élève à des calibres plus grands et qu'à égalité de calibre, il est plus lourd, plus long, etc.; et que, en conséquence, il peut être tiré avec des charges de poudre plus fortes, qui donnent au projectile des vitesses plus grandes, et qui permettent, sans avoir trop de recul, des projections de mitraille en plus grandes masses à de plus grandes portées.

Cette bouche à feu (mais du calibre de 80 seulement, qui est celui de notre plus gros obusier et de notre plus petit mortier) est adoptée en France dans l'artillerie de marine; et sans être encore adoptée par l'artillerie de terre, elle est admise, et arrivée à Vincennes en assez grand nombre, pour l'armement de Paris.

Le canon à bombes est aussi adopté en Angleterre, mais avec des proportions de métal moins puissantes proportionnellement au calibre, pour les calibres de 150 et même de 250.

Il est adopté en Russie, également pour les plus grands calibres.

Il l'est en Suède, pour le calibre de 120.

Il l'est en Belgique, pour le calibre de 80 et pour le calibre de 150.

Il l'est en Hollande, en Danemarck, aux États-Unis d'Amérique, etc.

On ne saurait adresser à cette bouche à feu le reproche d'avoir donné de la force contre nous aux nations étrangères; car la force du canon à bombes consiste, sur mer, à détruire les grands vaisseaux, c'est-à-dire à faire disparaître une supériorité, une domination exclusive, qui ne saurait appartenir à la France, qui si souvent fut tournée contre elle, et qui ne devrait être exercée par aucune nation.

Et la force du canon à bombes dans le service de terre, surtout par les masses de mitraille qu'il projette, est surtout une force *défensive*, puisque ces grandes quantités de projectiles sont peu transportables; or, l'agrandissement des forces *défensives*, quelque part que ce soit, est un élément de paix et de stabilité.

L'avantage de lancer une puissante masse de mitraille et de la porter très loin est particulier au canon à bombes, parce que ce canon possède un grand poids, un grand calibre et une assez grande longueur; mais je répète ici que, avec toutes les bouches à feu, proportionnellement à leur calibre et surtout à leur poids, on peut de deux manières agrandir la quantité de mitraille à mesure que le but se rapproche : d'abord en employant des projectiles plus petits en plus grand nombre, ainsi qu'il est d'usage; et ensuite, en faisant varier la charge de poudre, puisque la même quantité d'action peut se produire, soit par une certaine masse de projectiles recevant la vitesse d'une certaine charge de poudre, soit par une masse de projectiles plus grande, recevant d'une moindre charge de poudre une vitesse moindre. Ainsi, par exemple, un canon de 12, qui porte 40 balles de 8 onces à 600 mètres, peut, lorsqu'il tire dans un fossé qui n'a que 250 mètres de longueur, y lancer 60 à 70 balles du même calibre, ou même environ 200 balles de 2 onces, puisqu'en tirant dans un fossé envahi, il ne s'agit pas de porter loin, mais de foisonner. On a renoncé à l'emploi des cartouches à balles diversifiées, pour le service de campagne, et l'on a bien fait, parce qu'en campagne il faut des approvisionnemens simples; mais dans la défense des ouvrages de fortification, loin de renoncer à ce moyen, il convient au contraire d'en tirer tout ce qu'il est dans sa nature de produire, et de l'obtenir, suivant les cas, soit par la variation des charges, soit par la variation de la grosseur des projectiles; et cette observation ayant surtout pour objet la défense contre les attaques de vive force, doit s'appliquer à la fortification de Paris.

Pour la mitraille du fusil d'infanterie et du fusil de rempart, dont j'ai parlé au texte, la solution ne pouvait être trouvée ni dans l'augmentation du poids de l'arme, ni dans la diminution du calibre du projectile; c'est dans un autre ordre de faits que cette solution, très simple, s'est trouvée.

Ce que j'ai dit au texte de l'action si grande et si décisive du canon à bombes contre les vaisseaux, et des grandes portées qu'il a obtenues, soit avec son projectile creux, soit avec son projectile massif, ne saurait être donné ici en détail; mais sur cette question on peut voir les faits et leurs chiffres, dans un ouvrage que j'ai publié en 1825, ayant pour titre : *Expériences faites par la Marine française*.

En parlant au texte de l'effet des bouches à feu actuelles, je n'ai pas cité l'obusier de 8 pouces, parce que celui d'ancien modèle est une bouche à feu impuissante, maintenant abandonnée; et que celui du modèle nouveau, qui a pour la première fois figuré à l'attaque d'Anvers, n'a pas assez de longueur, ni surtout assez de poids, pour être comparé au canon à bombes. Et je ne fais nullement cette remarque pour déprécier l'obusier actuel de 8 pouces, car je pourrais penser, si je le voulais, que c'est d'après mon travail que cet obusier a été adopté. On dit que non : on dit dans le *Journal du Siége d'Anvers*, et l'on a fait publier (*Débats*, 14 janvier 1833) « *que cet obusier a été composé par les soins du Comité* » *d'artillerie, et que le colonel Paixhans ne s'est pas* » *trouvé en position de coopérer à l'établissement de* » *cette arme nouvelle.* » Cependant cette arme nouvelle est de 1829; et, en 1822, je me suis trouvé en position d'écrire (dans un ouvrage intitulé *Nouvelle Force maritime et Artillerie*, particulièrement à la page 372) que l'obusier de 8 pouces de Gribeauval, qui ne pesait que 1096 livres, était beaucoup trop léger, et qu'il fallait, même pour le service mobile, admettre le poids de 2400 livres : or (après des essais infructueux sur un obusier du poids de 1890 livres), on a admis le poids que je proposais, de 2400 livres. Je disais que la chambre devait avoir la forme cylindrique : or, on a fait une chambre cylindrique. Je disais que cette chambre devait avoir le diamètre de l'âme du canon de 12 : or, on a adopté le diamètre de l'âme du canon de 12, etc.; et je donnais les motifs de ces dimensions. Il est donc probable que j'ai *coopéré*. Et ce n'est nullement par prétention d'auteur que je réclame, car j'ai dit et redit dans le même ouvrage, et je répète ici : que pour cet obusier de 8 pouces, comme pour les obusiers longs de campagne aujourd'hui en usage, j'avais consulté tout ce qui se voyait dans les obusiers espagnols, dans les obusiers russes, et dans tout ce qui offrait quelque moyen d'amélioration à admettre, à combiner, et à approprier à notre service. Si donc j'élève ici une espèce de réclamation, c'est seulement pour faire voir qu'il vaut mieux éviter ces sortes de polémiques, dont l'art ne profite jamais, et que pas un seul mot de moi n'avait provoquées.

J'ajouterai un mot que je crois utile : c'est que cet obusier de 8 pouces vaudra beaucoup mieux encore qu'il ne vaut, si l'on veut, comme je l'avais proposé : lui donner une longueur totale plus grande, avec une épaisseur un peu plus forte en arrière et beaucoup plus faible en avant, avec la chambre enfoncée vers la culasse, au lieu d'en être à une distance excessive dont aucun motif ne pourrait être donné, et avec un raccordement adouci entre l'âme et la chambre. De cette manière, en effet, cette bouche à feu pourra être montée et tirée sur les affûts élevés; elle s'enfoncera mieux dans l'embrasure des affûts roulans; elle projettera mieux la mitraille qu'elle doit pouvoir tirer; et par conséquent elle sera plus avantageusement employée dans l'attaque, et surtout dans la défense des fortifications, auxquelles elle est destinée.

NOTE H.

Sur la dépense qu'exigerait le projet proposé dans cet ouvrage pour la fortification de Paris.

Voici, pour qu'on puisse juger mes appréciations, les bases d'après lesquelles mes calculs ont été faits.

Le prix de l'hectare de terrain varie aux environs de Paris : il est de 6000 à 8000 fr. dans les campagnes les moins riches et les plus éloignées ; il est de 10000 à 15000 fr. quand le sol est meilleur ou plus voisin ; et il s'élève quelquefois à 40000 fr.

Le prix du mètre cube de terrassement est estimé, dans toutes les évaluations, à 2 fr. ; il diminuerait beaucoup si l'on employait les troupes aux travaux.

Le prix du mètre cube de maçonnerie est de 12, 15, 18, et même 20 et 26 fr., selon la proximité des carrières et la nature des ouvrages.

C'est d'après ces bases, et sur des dimensions moyennes, qu'a été calculé le devis suivant. Je n'en donne que les masses, puisque (par les motifs que j'ai indiqués précédemment) je ne donne pas ici les dessins cotés, qui seraient nécessaires pour développer les détails d'un devis circonstancié ; ces détails seraient trop fastidieux, et ils n'ont été donnés dans aucun des écrits publiés sur cette même question. Les vérifications seront d'ailleurs faciles à faire, si on le veut, au moyen des dimensions principales que le texte et les notes précédentes ont données.

1°. L'enceinte, telle qu'elle a été décrite : en donnant les dimensions fortes aux parties les plus attaquables; les dimensions moindres aux parties hors d'attaque; mais partout les dimensions suffisantes contre l'artillerie et contre l'attaque de vive force............ (millions) 25

2°. Les forts extérieurs : ceux de première classe, à 500,000 fr. l'un; ceux de seconde classe, à 150,000 fr.; et ceux de troisième classe, ou redoutes, à 50,000 fr. En tout, environ 80 de ces forts, dont moitié au moins ne seraient que de troisième classe.............. 12

3°. Les batteries en arrière de l'intervalle des forts; elles coûteraient peu, ou même pourraient être exécutées presque sans frais, comme travail militaire, aussitôt après la réunion des gardes nationales mobiles, en cas de guerre; mais afin de les avoir affermies par le temps, et afin de donner franchement au devis toute son étendue, je les porte ici, moyennement, à 100,000 fr. l'une, pour celles à double étage de feux, et à 40,000 fr. pour celles à un seul étage de feux. En tout.................. 4

4°. Pour ajouter à la force de Saint-Denis (indépendamment des forts extérieurs comptés ci-dessus), pour les travaux de Charenton, pour ceux des ponts. Et pour améliorer les ouvrages existans de la position sur les hauteurs entre Seine et Marne........................ 7

TOTAL............... (millions) 48

Dans ces dépenses : les casemates et les traverses voûtées ont été comptées pour servir de magasins, abris et corps-de-garde ; et les entrées de ville ne sont comptées que comme simples profils militaires, sans aucun ornement ; si la ville y veut des ornemens, ce n'est pas à la fortification de les payer.

Ici, comme dans tous les projets publiés, on compte la valeur des terrains à occuper par la fortification ; mais on n'entre pas dans la question des dépréciations de valeur pour les terrains qui deviennent voisins des ouvrages, ni des plus values pour ceux qui, étant extérieurs, deviendront terrains de la ville. Cette question, ainsi que celle des dévastations qu'une guerre peut causer, et des indemnités qui doivent s'en suivre, n'est point particulière à Paris ; sa solution doit embrasser, partout, toutes les propriétés exposées à des pertes de diverses natures, pour satisfaire à un intérêt général qui les exige ; et, à cet égard, on peut regarder l'ordre social tout entier comme une compagnie d'assurance, où l'intérêt particulier doit toujours céder devant l'intérêt public, mais où la fortune publique doit toujours, autant qu'il est possible, indemniser du sacrifice particulier.

NOTE J.

Sur la manière de disposer nos places, et de les armer, pour qu'elles puissent être défendues par la garde nationale.

Il y aurait une grande économie à ne plus entretenir, à ne plus armer la totalité de nos places, de manière à les mettre en état de résister à des siéges réguliers, auxquels peu d'entre elles seront désormais exposées.

Et il y aurait une importance très grande pour la défense du pays, à ce que toutes les places, même celles qui sont exposées à un siége, pussent être défendues par la garde nationale, de manière que toutes les forces actives puissent être activement employées.

Pour arriver à ce résultat, il conviendrait d'établir d'abord : quelles sont les places qui peuvent et qui doivent être maintenues en état de résister à un siége ; et quelles sont les places qu'il suffit de tenir en état de résister à une attaque de vive force ; cette dernière condition n'exigeant pas des dispositions, ni un armement, ni un entretien, aussi compliqués et aussi coûteux que la première.

Quand ce classement serait fait, les places destinées à résister seulement à une attaque de vive force, seraient mises en état d'être facilement défendues par la garde nationale, avec une puissance considérable contre l'ennemi, et avec une grande sécurité pour la garnison, au moyen des dispositions suivantes :

Creuser dans les fossés, à quelque distance de l'escarpe, et sans déchausser la muraille, une cunette qui approfondisse l'emplacement où l'ennemi pourrait planter ses échelles : ce qui équivaudra, contre l'escalade, à une muraille plus élevée.

Dans les lieux où ce moyen ne suffira pas : exhausser l'escarpe par un mur détaché, autant que le permettra la hauteur du parapet. Ce mur crénelé fournira un chemin de ronde et un double étage de feux. Il sera vu du dehors ; cela est vrai ; mais si l'ennemi ne le bat point, on jouira de l'exhaussement qu'il aura procuré, et si l'ennemi le bat, on connaîtra par ce moyen le point par lequel il veut attaquer, on s'y tiendra en mesure, et sur tout le surplus de l'enceinte on sera garanti par cette escarpe exhaussée.

Aux parties du corps de place qui seraient en terre, donner un mur détaché, défilé, crénelé, flanqué.

Disposer les eaux de manière à rendre inaccessibles les ouvrages qui peuvent l'être, et à se procurer des chasses d'eau dans le fossé.

Planter des haies d'espèces vivaces, les entretenir à branches entrelacées, et former ainsi de doubles et triples palissades vivantes, couvertes des feux du dehors, et arrêtant les colonnes ennemies sous le feu de la place.

Élever sur le rempart des traverses permanentes ; en avoir quelques-unes voûtées, pour abriter le personnel et le matériel.

Établir des casemates aux flancs pour quelques bouches à feu ; celles qui seraient sur la tenaille seraient abritées de toutes les vues de l'ennemi.

C'est surtout dans une place défendue par la garde nationale, qu'il y aurait avantage à établir quelques casemates dont la partie vue serait cuirassée d'une armure de fer. Nous avons parlé de ces casemates à la note F.

Si, avec ces diverses dispositions relatives à la fortification, on admet pour l'artillerie les mesures dont nous avons parlé précédemment (accroissement des effets de la mitraille pour toutes les armes; affût et manière d'installer l'artillerie; emploi des canons à bombes, des obusiers perfectionnés, des fusils de rempart; des projectiles creux tombant des créneaux dans le fossé, etc.), alors il est évident qu'une garnison, même très faible par le petit nombre et l'inexpérience des défenseurs, pourra résister, avec peu de péril pour elle-même, aux plus violentes attaques de vive force.

Quant aux places qui ont besoin de pouvoir soutenir un siége en règle, ces places pourront-elles se contenter d'une garnison de garde nationale? Et la garde nationale pourra-t-elle y être mise en position de résister à un ennemi qui aurait un équipage de siége?.... Je pense que oui. Je pense que la garde nationale, aidée de quelques officiers d'expérience (et corroborée peut-être de quelques détachemens de troupe très peu nombreux), pourra résister, si l'on dispose dans ce but la fortification et l'armement. Et je pense que les dispositions à prendre à cet effet seraient les suivantes :

D'abord on mettrait la place en état de résister aux attaques de vive force, ainsi qu'il vient d'être dit ci-dessus, parce que la première condition, commune à toutes les places, est de résister à ce genre d'attaque.

Ensuite on établirait *un système de feux courbes ca-*

sematés, qui permettant aux défenseurs de faire tomber, sans péril pour eux-mêmes, une pluie presque continue de projectiles sur les glacis, ne permettrait pas à l'assiégeant de faire, sur ces glacis, les approches et les batteries qui lui sont indispensables, sans entreprendre des travaux de blindages qui (s'ils ne sont pas complètement inexécutables) lui feraient perdre plus de temps et plus d'hommes, qu'il n'aurait pu en épargner par notre action un peu plus faible dans la période première de la défense.

Ce dernier dispositif, je ne le décrirai pas ici; mais si l'on désire voir comment pourraient s'exécuter à cet égard les pensées de Vauban, et ce qu'il y a de praticable dans celles de Carnot (oserai-je dire aussi dans celle que j'avais proposée avec ce dernier) : on le trouvera dans un ouvrage que j'ai précédemment publié (1).

Sans doute que ces diverses dispositions, quoique ayant en partie pour objet l'économie, causeraient d'abord quelques dépenses; mais ces dépenses seraient faites, peu à peu, en remplacement de celles d'entretien, qui se trouveraient pour toujours supprimées; et d'ailleurs, elles se trouveraient couvertes, en totalité ou en partie, par la vente des terrains et des matériaux, de ceux des ouvrages extérieurs qui, d'après cette nouvelle manière de constituer la défense, n'auraient plus besoin d'être conservés. A quoi il faut ajouter un autre

---

(1) *Voir* à l'appendice de l'ouvrage intitulé : *Nouvelle Force maritime et Artillerie*; 1 vol. in-4°. Paris, 1822.

dédommagement encore, celui des servitudes imposées au sol extérieur ; servitudes qui, devant les ouvrages qui n'ont à résister qu'à l'attaque de vive force, peuvent, ainsi que nous l'avons vu, être considérablement diminuées.

Ce qui est dit dans cette note sur la manière de disposer les fortifications et de les armer pour qu'elles puissent être défendues par la garde nationale, s'appliquerait (toutes proportions et différences observées) à la défense des principaux ouvrages d'un camp ou d'une position fortifiée ; défense qui, à l'avenir aura, ainsi que nous l'avons vu au dernier chapitre du texte, une importance plus grande que celle des places, pour appuyer les opérations de l'armée.

NOTE K.

Sur l'état actuel (avril 1834) *des travaux de la fortification de Paris ; et sur ce qu'il y aurait à faire, si la guerre arrivait avant que Paris fût fortifié.*

Des ouvrages couronnent les hauteurs et occupent la plaine en avant de Paris, et forment une position : ayant à sa gauche la Seine et Saint-Denis ; à sa droite Vincennes, la Marne et Charenton. Ces ouvrages sont exécutés. Les constructions voûtées de Vincennes leur donnent de la consistance ; on pourrait y établir dès à présent une grande armée (1).

La fortification de la ville elle-même, par des ouvrages permanens sur les deux rives, est à faire. Des discussions assez connues ayant ajourné le vote des fonds, et par conséquent suspendu les travaux, l'autorité militaire n'avait plus : qu'à terminer la rédaction des plans et devis des forts ; étudier l'enceinte de sûreté dont on n'avait encore qu'un avant-projet ; régler ce qui était entrepris relativement à la possession de plusieurs terrains ; et liquider les comptes. C'est ce qu'on fait maintenant.

On a vu dans cet ouvrage en quoi et comment, selon moi, le plan du gouvernement a besoin d'être mo-

(1) *Voir* ce qui est marqué en vert au Plan.

difié. Mais dans le plan que je propose, comme dans celui du gouvernement, comme dans celui de Vauban et de tous ceux qui ont fait une étude sérieuse de la question, il y a toujours deux choses : une enceinte de sûreté autour de la ville, et en avant de cette enceinte un dispositif qui en éloigne les hostilités.

Si donc par économie, par prévention, ou par toute autre cause, la situation actuelle des choses venait à durer, et qu'une guerre importante arrivât : voici les mesures qui, dans mon opinion, seraient à prendre, et dont il conviendrait de s'occuper activement dès le début de la guerre.

Réunir dans des camps autour de Paris une masse de gardes nationales mobiles des départemens : pour s'y exercer ; pour fournir aux travaux défensifs des bras nombreux ; pour augmenter la garnison de la capitale ; et pour préparer une réserve de l'armée.

Compléter la position de Seine à Marne, en élevant les ouvrages projetés qui manquent, particulièrement devant Charenton et Aubervillers.

Faire dans tous les ouvrages les remblais nécessaires à l'installation de l'artillerie, et les entreprendre dès les premiers jours, afin que les terres aient le temps de s'affermir.

Élever dans les intervalles, entre les ouvrages de la position actuellement fortifiée, des épaulemens de batteries, d'où une artillerie nombreuse puisse dominer les approches.

Élever dans le fossé des ouvrages existans (en creusant ce fossé où il sera nécessaire) un mur crénelé, dont les parties qui serviront de flancs au fossé soient appuyées en arrière par des arceaux couvrant les défenseurs, ces arceaux chargés de terre, et à l'épreuve au moins des obus. Suppléer, par de fortes palissades, aux murs qu'on n'aura pas le temps de faire; et dans les ouvrages principaux, tels que le nord de Saint-Denis, etc., s'il n'y a pas de mur, faire un palissadement redoublé.

Pour former une enceinte de sûreté : creuser en avant du mur d'octroi un fossé, dont les terres remblayées en parapet sur le sol du boulevart, couvriront en partie le mur contre les feux du dehors. Créneler ce mur, en ménageant à la partie inférieure de chaque créneau un passage circulaire pour faire rouler des obus dans le fossé. Établir, pour flanquer le mur, soit en maçonnerie, soit en fortes palanques, des tours ou petits bastions, ou blockhaus, qui seraient à couvert du canon ennemi par le parapet en avant, et qui seraient blindés et chargés de terre, contre les obus et les vues des maisons rapprochées. Le fossé, et même le parapet extérieur, seraient palissadés aux points importans.

Sur la rive droite : élever quelques ouvrages dans le grand intervalle entre la position de Seine à Marne et l'enceinte de sûreté; pour appuyer la position; pour la lier à l'enceinte; pour occuper les têtes de faubourgs et les points dominans. Et disposer ces ouvrages, autant que possible, de manière à diviser l'espace entre l'enceinte et la position, en camps indépendans les uns des autres, dont chacun, s'il vient à être forcé, soit, de droite et de gauche, sous l'influence de nos forces retranchées dans les deux camps voisins.

Sur la rive gauche et sur les deux rivières : assurer, par quelques ouvrages, la possession des points dominans en avant de l'enceinte, celle des faubourgs, et le passage des ponts.

Faire arriver, construire, préparer les bouches à feu, affûts, fusils de rempart, munitions, etc. : pour ajouter à l'artillerie déjà existante ; pour compléter l'armement de tous les ouvrages ; et pour former une puissante réserve mobile, qui se porterait aux points menacés.

Je ne parle pas des détails relatifs : aux communications à établir entre toutes les parties du dispositif ; aux inondations à tendre ; aux traverses et abris à élever ; aux approvisionnemens à réunir, etc. ; c'est le courant ordinaire du service.

Mais ce qui est à répéter, avant de finir, c'est que sans doute, ni le gouvernement, ni les chambres, n'abandonneront la grande entreprise de la fortification de Paris : entreprise qui, pour assurer l'indépendance nationale, n'est pas moins importante, ni moins économique, ni moins indispensable que la formation des réserves de l'armée.

Et si, par des causes quelconques, on n'entreprend pas immédiatement ce grand ouvrage dans ses parties les plus considérables, au moins ne voudra-t-on pas délaisser ce qui est aux trois quarts fait, et s'occupera-t-on d'achever cette belle position défensive qui couvre Paris : en complétant les travaux de cette position ; en fortifiant Saint-Denis et Charenton ; en donnant aux fossés des ouvrages existans une profondeur et des murs flanqués qui rendent impossible l'attaque de vive force ; et en élevant dans les larges intervalles entre ces ouvrages, de hautes batteries qui couvriront l'intérieur de nos camps, et qui domineront au loin les mouvemens de l'ennemi.

Et en ce qui concerne le service sur lequel je suis plus particulièrement appelé à émettre mon opinion, celui de l'armement : je pense que la défense de Paris, plus encore que celle d'aucun autre point du territoire, doit pouvoir profiter des améliorations qu'ont indiquées la pratique de nos guerres et les progrès de l'art. Or, les principales expériences, à cet égard, ont été faites, les principales objections ont été discutées et entendues, et il ne reste plus qu'à choisir, avec une certitude presque évidente, ce qui est maintenant à son point de maturité.

C'est par quelques propositions relatives à ce dernier objet, c'est-à-dire à l'artillerie défensive, que j'achèverai le travail dont une portion m'avait été confiée.

FIN.

TABLE DES MATIÈRES.

NOTES.

FIN DE LA TABLE DES MATIÈRES.

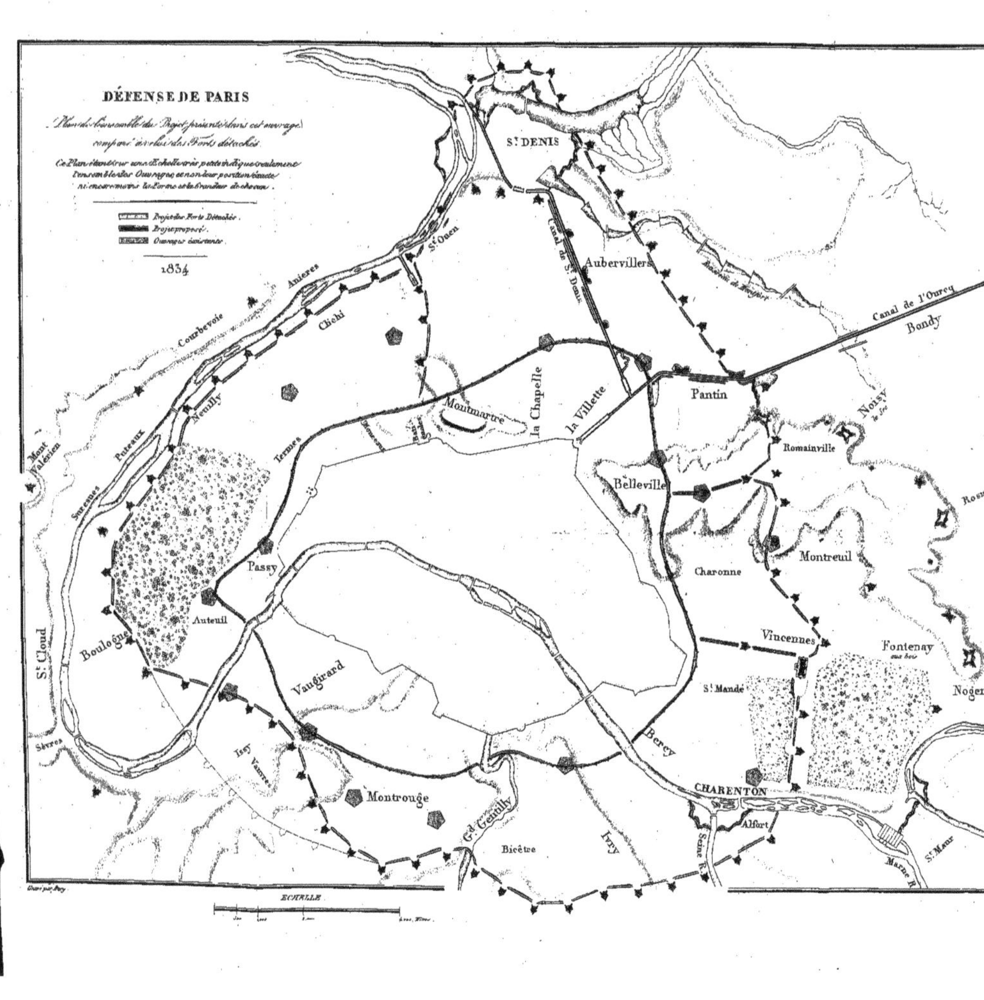
DÉFENSE DE PARIS
Projet des Forts Détachés.
Projet proposé.
Ouvrages existants.
1834
S.t DENIS
S.t Ouen
Aubervillers
Canal de S.t Denis
Canal de l'Ourcq
Bondy
Asnieres
Courbevoie
Clichi
Neuilly
Puteaux
Mont Valérien
Suresnes
Termes
Montmartre
la Chapelle
la Villette
Pantin
Noisy le Sec
Romainville
Belleville
Rosny
Montreuil
Charonne
Passy
Auteuil
Boulogne
S.t Cloud
Vincennes
Fontenay aux bois
Nogent
S.t Mandé
Vaugirard
Sèvres
Issy
Vanvres
Montrouge
G.d Gentilly
Bicêtre
Ivry
Bercy
CHARENTON
Alfort
Seine R.
Marne R.
S.t Maur
ECHELLE

www.ingramcontent.com/pod-product-compliance
Ingram Content Group UK Ltd.
Pitfield, Milton Keynes, MK11 3LW, UK
UKHW020950230726
13923UKWH00007B/230